小野寺S一貴

龍神と巡る
命と魂の長いお話

JN122701

扶桑社文庫
0754

カバーデザイン　渡邊民人（ＴＹＰＥＦＡＣＥ）
本文デザイン　清水真理子（ＴＹＰＥＦＡＣＥ）
装画・本文イラスト　高田真弓

「人ってなんで生まれて来るの？」

「よく人は生まれ変わるって言うけどね。人生は修行だって言う人がいる」

「じゃあ修行のために生まれて来たの？　辛いの嫌だな」

「なら幸せになるため、とか」

「ねえ、幸せって何？」

「うーん。お金持ちになることかな」

「ならお金持ちじゃない人はみんな幸せじゃないの？」

「そんなことないと思うけど」

「難しいね」

「難しい」

「そもそも人ってホントに生まれ変わるのかな」

「エジプトのミイラは魂が生まれ変わった時のために肉体を保存してるって。

本で読んだことがあるよ」

「本当に？」

「うん」

「どうして？」

「知らない。でも次に生まれ変わった時に困らないように、生きていた時に使ってたものも一緒に埋めたんだって」

「あのピラミッドの中にあるの？」

「そう」

「エジプトのミイラが蘇（よみがえ）ったって話、聞いたことある？」

「ないけど……」

「じゃあわかんないじゃん」

「うん、わからない」

「結局、何もわかってないのかもね。人間は」

「そうかもしれない」

「神様とか教えてくれたらいいんだけどね」

「それいいね」

「どこかにそんな神様いないかな？」

「もしそれがわかったら、人が幸せになる方法もわかるのかもしれないね……」

第1章

人間と魂が生まれ変わる　知って得する魂の成り立ち編

春

第2章 幸せのアウトラインの引き方 愛情・夫婦生活編 夏

第3章 その幸せ、困難にある意外なワケ 人間の意味編 秋

第5章 すべてはここから始まる 満足を得る究極の方法編

プロローグ　旅の始まり

人間は科学を進歩させてきた。

生活はどんどん快適になった。

例えば車だ。

車は、エンジンの中で、ガソリンと空気を混合させた燃料を燃やしてエネルギーをつくり、ピストンを上下させてタイヤを回転させる。アクセルを踏み込むと空気が送られ、その比率が上がる。燃料の爆発力が増してタイヤの回転は上がり加速していく。

でも、そんな理屈を知らなくても、車はキーを回せばエンジンがかかるし、アクセルを踏めば動く。だから多くの人は原理まで知らないし、知る必要はないのだ。そう、知る必要は……。

「で、どうするの？」

動かなくなった車の横で妻、ワカが呆れたように言った。

「ちょ、ちょっと待ってよ」

僕は焦って、しどろもどろだ。

ボンネットを開けてのぞき込んだり、タイヤ付近を触ったりして、せわしなく動き回る。そして腕を組み、うーんと唸る。わからない……。

僕たちを乗せた車は仙台から故郷の気仙沼への帰省の途中、突然機嫌を損ねたように動かなくなった。いくらアクセルを踏んでも力が抜けていくように速度は落ちてゆき、なんとか余力で脇の空き地にたどり着いたのはいいが、そこからうんともすんとも動かなくなってしまったのだ。

「どこが故障したのよ？」

「わからないなぁ」

「えー。免許持ってるのにわからないわけ？」

ちなみにワカは車の免許を持っていない。でも、教習所で車が稼働する仕組みまで詳しく教えてくれただろうか。仮に教えられたとしてもそれを覚えている人はほぼ皆無だろう。そんなことを思いながら、僕はスマホを取り出した。

「とりあえず保険会社に電話してみよう。たしかレッカー補償が付いていた」

「タカは元エンジニアでしょ？　車の故障くらいちゃちゃっと直せないわけ？」

「僕はレーザー部品の設計をしてたわけで、車は専門外だよ。……あ、もしもし」

歯医者が外科の手術をしろと言われても無理だろう。同じ医者だからと言っても専門が違えば手に負えないこともある。だけどワカにしてみれば「同じ医者でしょ」「同じエンジニアでしょ」ということになってしまうのだろう。

「あーあ、せっかく気仙沼で美味しいお寿司を食べようと思ってたのに」

ディーラーに車を預けた後、手配してもらった代車で仙台へ戻る途中、ワカが嘆いた。

結局、実家への帰省は諦めたのだ。

「おまえら、普段自分が使っているものの原理も知らんのかね？」

呆れたような声が車内に響く。声の主は龍神ガガである。

ここで僕たちのことを簡単に説明しておくことにする。

それにはまず、この龍神ガガから説明せねばなるまい。

この龍神様は数年前の春、僕たち夫婦の元に突然現れた。正確には妻ワカを子供の頃より守ってくれていたようなのだが、そのダメっぷりに業を煮やして「守っているヤツの格が下がると我まで疑われる」と、ワカの指導に力を入れにやってきたのである。

で、その妻のワカであるが。子供の頃から見えない世界がわかる体質だったが、長い間その身に起きる様々なことをスルーしてきた自称「無神論者のリアリスト」。それでも、突然現れたガガに教わった龍神の教えを試験的に実践したところ物事がどんどん好転するのを体感し、ようやく「神様はいる」と思うようになった。

そして僕、タカ。かつては大手企業に勤めていた元エンジニアである。そのせいかなんでも理屈で考えてしまう堅物。おかげで昔、守ってくれていた龍神様に見放されたダメダメな過去がある。それでも今では「我の教えを世に知らせるがね」というガガの言葉に従って、龍神の教えを広めるべく作家として頑張っている。

人物についてある程度ご理解いただいたところで、ガガとの会話に戻ることにする。

「まあ、たしかにガガさんの言う通りですよね。普段使っている車のことすらも詳しくは知らないわけだし」

テレビが映る原理も、スマホの原理も、インターネットがつながる原理も。みんな詳しく知らないけど、ちゃんとその恩恵を受けている。

「もちろんすべてを知れとは言わんがね。しかしだ」

ガガはそう言って語気を強めた。

ちなみに、ガガの言葉を仲介しているのは妻ワカ。僕にはガガの声は直接聞こえないわけだが、便宜上その部分の説明を省略するところはご容赦頂きたい。

「人間は便利な道具をたくさん発明してきた。最近ではその『板』でなんでもできるそうじゃないかね」

「板？」

ワカが小首を傾げる。

「神社の神様からもよく聞かれるのだよ。『参拝に来たものが何やら板をワシに掲げているのはなぜじゃ？』とな」

「ああ、スマホですね」

僕はポケットからスマホを取り出した。

「きっと社殿の写真を撮ってるのね。これにはカメラ機能も付いてるから」

ワカがガガに説明を始める。ガガも「ほほう。それは便利ではないか」と感心しながら聞き入っている。興味津々でスマホを覗き込む龍神様。この構図はちょっとおもしろい。

なるほど。龍神も神様も人間たちのことを細かく理解しているわけではないらしい。それだけ人間の生活は、日々めまぐるしく変わっているのだ。お年寄りが若者のことを理解しにくいのと似ているかもしれない。

「ところでガガさん、話の続きなんですが」

僕が言うと、ガガも思い出したように話を再開した。

「昔から人間は生活を楽にするために便利な道具をたくさん発明した。ねじやはさみ、ばね。そこには人間が発見した力学の原理がふんだんに使われ、それを子供にもちゃんと受け継がせていたのだよ」

「力学か。理科の授業で習いましたね、おもしろかった」

「まあ私は学校で習う勉強は嫌いだったから、覚えてないけど」

我が妻があっけらかんと言い放つ。力学のロマンがわからないとはもったいない、とは口に出しては決して言わない。

「しかしだ、今では機械が複雑になり過ぎたがね。そしてそれを機能させている原理を説明しなくなっている」

「今の製品は複雑ですからね」

僕もゲーム機やオーディオ機器の製品設計をしていたからよくわかる。研究者や開発者でもないかぎり、その細かい原理まで知るのは難しいだろう。

「それでもだ。どれだけ大変な技術を使っているか、それをちょっと知るだけでも人間の知恵の偉大さに思いを馳せることができる。そうすれば作ってくれた人への感謝の気持ちが自然と芽生えてくるものだがね」

モノを作る原理か……。まさか龍神様にそんなことを言われるとは思わなかった。なにしろ科学の進歩なんて、神様や龍神様とは真逆のイメージがある。

ん？　まてよ。何かが僕の中で光った。

人間はモノを作り出してきた。そしてそれを進歩させてきた。それが科学だ。しかし、その人間は果たして誰が作り出したんだろう？　人間はなぜ生まれ、死んでいくのか。もしかしたら僕たちは、人間そのものについて何も知らないのではないだろうか。人間は周りのモノを進歩させてきたけど、人間そのものは変わったのだろうか？

ふつふつと疑問が湧いた。

車は原理を知れば直せる。新しく作ることだって、機能を付けて更に便利にすることも可能だ。パソコンだって、テレビだって、洗濯機や冷蔵庫だってそうだ。

僕は見慣れたコンビニの看板を見つけるとハンドルをきった。車を駐車場に入れたのだ。夕暮れの空に、赤や緑でデザインされた看板が人工的な光を放っている。

サイドブレーキを引くと、ふうと息をひとつ吐いて、ガガに尋ねた。

「僕たち人間は様々な知識を得て科学を進歩させてきました」

偉大なる龍神は僕の言葉に静かに耳を傾けている。

「だけど、自分たち人間のことを意外と知らないのかもしれません」

「ほう、タカや。おまえにしては珍しくいいことに気付いたがね」

珍しく、というのは余計だが。僕は思わず苦笑した。

「その通りだ。人間は科学の進歩とともに自らの魂の在り方を忘れていった。科学が発達するにつれて自然の摂理すらも自分たちの思い通りになると考えるようになったのだ」

現代は遺伝子組み換えや試験管ベビーという言葉も耳に入ってくる時代だ。あたかもそれは、科学で不可能なことなどないような印象さえ与える。

その結果、見えないもの。例えば、神様とか仏様とか。そして人間自身の魂というものでさえも軽視するようになったのかもしれない。

「じゃあ」

僕は意を決してガガに尋ねた。

「もしも人間が自分の魂について知ることができたら、何か変わるんでしょうか？　生まれて来た意味とか、自分の生きている意味を見つけられて、幸せになれるんでしょうか」

しばしの沈黙が流れる。風が吹いた。開けた窓から春の風が入った。

「それを知って何になるというのだ？　意味など知ったところで、変化を恐れるおまえたち人間に何ができるというのだね？」

ガガが不敵に笑う。そう言われると、どうしようもない。が、ガガはこう続けた。

「しかし、せっかくそこまで気付いたのだから我が教えてやってもいいがね。それを知ることで幸せになれるのか？　おまえらが試してみたいというならば、我が力を貸してやろう」

「結局いつも私たちは実験台なわけね……」

ワカが苦笑いを浮かべつつ、それでもちょっと安心したように言った。

ガガはこれまで本当に役に立つことを僕たちに教えてくれた。だから、必ず意味のある話をしてくれるに違いない。だから、実験台は歓迎なのだ。それに、それで幸せになる意味がわかるのなら儲けものじゃないか。

僕は襟を正して頭を下げた。

「ガガさん。今回もよろしくお願いします！」

「タカや、おまえTシャツだから襟付いてないがね」

「……言葉の綾ですよ、もう」

夕闇迫るコンビニの駐車場で、また新たな物語が始まった。

長ーい旅が始まるがね

第1章

人間と魂が生まれ変わる

知って得する魂の成り立ち編

春

きらきらと明るい。

柔らかい空気があたりを包み込む。

どこだろう。ここは、どこだ？


ふと気が付くと茶の間にいた。

子供の頃いつも見ていた懐かしい風景が、そこに広がっている。

朝だろうか？

みそ汁の香りがふわりと漂う。それから炊き上がるご飯の湯気。

この光景……脳の奥を何かが刺激する。

いつでも、どんな時でもあたりまえのように感じていたこの感覚。


「あっ」

思わず声が出た。

「母ちゃん！」

いつからそこにいたのか、母が笑顔で座っていた。

いつものエプロン姿で、いつもの場所に。


「どこにいたんだよ！　心配したんだぞ」

それでも母はただ優しく微笑んでいるだけだ。

「なあ、みんなのところへ帰ろうぜ」

母はゆっくりと頷きながら優しく笑っているだけ。

子供の頃、どんな時でも安心させてくれたあの温かいまなざしで。

「母ちゃん！」と駆け寄って、ぐっと右腕を伸ばした。


その手が宙をつかむ。

「……」

目が覚めると、その手は天井に向かってまっすぐに伸びていた。
いつもの、
自分の住む部屋の天井へ。

魂は長い長い旅をしている。今はその旅路の途中

　部屋に帰ると、僕はデスクに重ねてあった書類の中から龍神の教えノートを取り出した。ガガの教えを忘れないよう、書き留めるためのノートである。

「死んだら人間はどうなるんですかね？」

　僕は率直に聞いてみた。

「人間というのは、仮の姿なのだよ」ガガが答える。

「仮の？」

　意味がわからない。どういうことだろう。

「実は魂は長い間生き続けているのだ。長い長い旅をしていると言った方がいいかもしれんがね。人間としてこの世に生まれるのは、その中のほんの一瞬なのさ。肉体という着ぐるみをひととき借りて、この世に生まれて来たに過ぎんのだよ」

「なるほど。だから『仮の姿』なんですね。では、死んでもその肉体がなくなるだけで魂はそのまま生きていると？」

「さよう。そしてまた時が来たら、再びこの世へ生まれ変わってくるのだ」

「俗に言う輪廻転生（りんねてんせい）っていうやつね。それって本当だったんだ、へぇ〜」

ワカが驚いたように言った。

「まったく疑り深いヤツらめ、だからおまえらはダメダメなのだよ」

す、すいません。

「昔の人間の多くはそれをちゃんと理解していたがね」

ガガの言葉に僕は頷いた。たしかに、エジプトのピラミッドには次に生まれ変わってきた時に困らないよう、生前使っていたものが副葬品として遺体と一緒に安置されている。しかも召使いまで一緒に埋葬されるという徹底ぶりだ。

また、古代中国でも同様に生前身に付けていたものを一緒に埋葬したが、召使いや馬などは兵馬俑（へいばよう）という人形に置き換えられている。

日本でも埴輪（はにわ）などが古墳から見つかるが、それは同様の概念を持っていたことを表しているのである。

つまり、人間は昔から時代や地域を問わずに魂の存在を理解し、死んでもまた生まれ変わるということを理解していたことに他ならない。もちろん、その魂が同じ肉体に入ることはないわけだが。

しかし、それが本当だとしたらガガの言う通り、人間の魂は何百年、何千年と旅を続けていることになる。

僕自身の魂もまだ、旅路の途中ということだ……。

まとめ

人間の魂は、
死んでもなくなることはありません。
何百年、何千年と旅を続け、
何度でも生まれ変わり、
この世で生きているのです。
では、なぜ生まれ変わるのか？
肉体を借りてまで生まれて来るのか？
それをこの物語の中で、
紐解いていきましょう。

魂は忘れん坊。知らない方がいいこともあるという話

「それなら……」と、僕はガガに更に質問をぶつけていく。

「なんでそんなに何度も生まれ変わって来るんですか？」

だって率直な疑問だ。そんなに何度も生まれ変わる必要があるのだろうか。そこを詳しく掘り下げてみたい。するとガガがまさかの反応を示した。

「知らんがね」

は？　ま、まさか。

「……わからないんですか？」

僕は恐る恐る、もう一度尋ねてみた。

「そんな人間側の事情まで我は知らんがね。とにかく人間の魂は長い旅をしているのだ。それでいいではないか、簡単に済ませたまえ」

いやいやいやいやいや。僕は掌（てのひら）を左右に振りながら言葉を返す。

「それじゃあ、困るんです」

弱った。これでは話が進まない。僕たちが困っていると、ヒュンと一陣の風がリビング

を吹き抜けた。

「私が代わりにお答えしましょう」

「おっと、黒龍号の登場だわ。助かった」

地獄に仏とばかりに、ワカが歓喜の声を上げた。

ガガの采配によって、一度は龍神に見放された僕とコンビを組むことになったのがこの黒龍さんだ。彼は僕と同様に頭が固く、ほかの龍神と馴染めずに独りよがりで影のような身体の落ちこぼれの龍神だった。黒いから名前は黒龍。しかし、共に数々の試練を乗り越え、立派な龍神に成長した。僕に付いている龍神だけに理論的な説明が得意で、最近は黒縁のメガネがお気に入りのようだ。

「すみません、黒龍さん。よろしくお願いします」

僕もペコペコと頭を下げる。

「私は長く人間を観察してきましたが、その中でも特に人の死について興味を持ちました。いろいろ調べたり、龍神仲間にも聞いてみたのです」

ついに自分の研究成果をお披露目する時が来たと言わんばかりに、黒龍は喜々として話し出した。

僕のご先祖様は、かつて鉱山の落盤事故で亡くなった人たちを弔（とむら）うためにお寺を建てたと聞いている。僕の祖父も長く、そのお寺の檀家の代表を務めていた。つまり長い間、人の死に向き合ってきた家系というわけである。そんな僕に付いてくれた黒龍さんが、この手の話に興味があるのは納得である。

「すごく心強いです。黒龍さんは説明もわかりやすいですし！」

「どうせ我はわかりにくいがね！」

どこかでそんな声が聞こえたような気がしたがそこはうっちゃっといて、黒龍の説明に耳を傾けた。

「まず人間が生まれ変わって来る理由は明確です」

「その理由とは？」

ペンを持つ手に力が入る。

「魂を磨き、成長させるためです。その舞台として、この人間界は最適の場所なのです」

そう言うと黒龍はほんの少し間を置いた。そして静かに続ける。

「タカさん、人間は『死んだら天国に行く』とか『悪いことをすると地獄に落ちるぞ』という話をしますよね？」

「しますね」

僕は頷きながら答える。思い返せば子供の頃からそう教育されてきた。「嘘をつくと閻魔様に舌を抜かれますよ」なんてことも言われた気がする。

「これは裏を返せば天国に行く良い魂から地獄へ落ちる悪い魂まで、この人間界はごっちゃまぜだという意味です」

「はーん、なるほどね。犯罪者からまじめな人まで、老いも若きも様々な魂であふれているってわけか。なんとなくわかるわ」

ワカ、納得。もちろん僕も腑に落ちていた。そして思った。

そんなごっちゃまぜの中でまっとうに生きるだけで、魂は充分成長できるんじゃないかと。

そして驚いたことにこの概念は、平安時代にはすでに広まっていたらしい。

恵心僧都源信という僧侶が地獄と極楽の存在を説き、著書「往生要集」の中で詳しく説明しているのだ。これがその後の日本人の極楽と地獄の基本となっているわけだ。

更に興味深いのはその概念が、イタリアの詩人ダンテが書いた叙事詩「神曲」の世界と共通点が多い点である。時代も国もまったく違う二人が同じ死後の世界観を描いているのだから、国や地域を問わず同じルールのもとで人間の魂は存在しているということなのだろう。

そこまで考えて僕はハッとした。と、いうことは……。

「魂はわざわざそんな過酷な環境に生まれて来ているわけですか？　成長のために？」

うかがうように目線を向けると、黒龍はなぜかニッコリ微笑んだ。

「その通りです。前世にやり残したこと、後悔していること。人はそれらをもう一度やり直すために自ら望んで生まれて来るのです。それだけでもこの世に生きる魂は皆、勇気と向上心にあふれた存在と言えるでしょう」

なんと、驚きである。

「じゃあ僕も前世でやり残したことをするために生まれて来たということでしょうか？」

「そういうことになります」

「でもさ、つまりそれってどういうこと？　前世の記憶なんかないじゃん、普通。鮮明にある人なんていいる？　いや、いるわきゃない！」

ワカ節炸裂。が、これは当然の疑問といえる。たしかにその通りだ。前に生まれて来た時の記憶が残っている人なんているのだろうか？　少なくとも僕にはわからない。

すると、黒龍はその様子を眺めながらおもしろそうに口を開いた。

「お二人がそう感じるのは当然です。なにしろ人間は、生まれ変わるときに前世の記憶はすべて忘れた状態でやってくるのですから」

「え、なんでまた?」

さっき前世でやり残したことをするためって言ったはずですよね。僕は頭の中を必死に整理する。

「落ち着いてください。ひとつずつきちんと説明しましょう」

「はあ」

「魂が人間として生まれ変わろうとする時、自らがやり残した課題、人間はこれをカルマ(業)とも言いますが、それをクリアするのに相応しいシチュエーションを選んで生まれて来ようとします。つまり、きちんと生きていれば、自然と自分の課題をクリアできる舞台が整っているというわけです。ですが、初めからそのすべてがわかっていたらどうでしょう?」

黒龍はいたずらっぽい表情で僕らを見つめた。

うーん。僕は腕を組むとソファに身を沈め、宙を見上げる。

考えてみる。もしも、僕が難しい課題をクリアしようと思っていたら。悲しい出来事を克服しようと思っていたら。そう……、そんな出来事が人生に起きることがあらかじめわかっているとしたら。

「逃げたくなるかも……」

素直に白状した。人間は弱い生き物なのである。

「そうです。辛いことや悲しいことが用意されていると初めから知っていたら、人間はなんとか避けよう逃げようとするでしょう。それでは課題はいつまでもクリアできません」

何が起きるかわからないから頑張れる。一生懸命になれるのだ。そう、楽しい将来を想像しながら、ワクワクと夢見ながら生きることができる。それに……。

僕は黒龍を見上げると言った。

「それじゃあ龍神さんたちの美味しいご馳走もなくなっちゃいますよね」

ワクワクする弾んだ魂は龍神の美味しいご馳走でもあるのだ。ガガも黒龍も、龍神はみんな人間のそんな明るい魂をエネルギーに替えている。

「知らない方がいいことも、この世にはあるのです」

黒龍は穏やかに頷いた。

「それにさ、もし前世の記憶なんかあったら便宜上大変よね。この科学の時代に『マンモスがどうちゃらこうちゃら』言ってたらえらいことでしょ」

「おいおい。どこまでさかのぼる？」

僕は思わず噴き出した。

「でも、はじめ人間ギャートルズ好きな私にはロマンがあるかも。あ〜、私もあの骨付き肉を食べてみたい」

懐かしのアニメを口にしつつ、ワカが夢を語った。一体どんな夢なんだ。

「なに！　我を骨付き肉にする気かね。我は火で炙(あぶ)られるのは嫌なのだよ！　ブルブル」

ついにガガが騒ぎ始めた。

まったくもう、そもそも龍神に骨も肉体もないでしょ。そんなことを考えていると、

「いえ、タカさん。もしかするとガガさんは昔、どこかで骨付き肉にされた記憶が残っているのかもしれませんよ」

黒龍がちょっとイジワルに言う。

黒龍と呼ばれるだけにこれが本当のブラックジョークだ。

「な、なんだと！　そんなことないがね。知らんがね！　知らんがね！」

ガガが慌てふためく様子に僕たちは思わず噴き出した。

まとめ

過去生はあくまでも単なる過去生です。
それに縛られることはありません。
もちろん知る必要もありません。
過去を気にするよりも、未来に希望を
もって楽しく生きることが大事です。
だって、せっかく過去のことを
忘れているんですから。

あなたはなぜ生まれて来たのか？　魂が繰り返し生まれ変わる明確な理由

「車のことなら私に聞いてよ」

ようやく愛車が修理を終えて戻ってきた頃、そのことを耳にした友達のりっちゃんからメールが入った。ま、車のことは声をかける口実だろうと思ったが、久しく会っていないので調子に乗って、ワカと二人で彼女の家を訪ねる約束をした。

ところが、指定されたマンションに入って驚いた。外見は装飾が抑えられたシックな建物だったが、オートロックのドアの向こうにはコンシェルジュのカウンターがあり、スーツ姿の女性が笑顔で会釈する。戸惑いつつも僕も頭を下げる。

「なな、なんだここ？　すげーとこ住んでるな」

カウンターを緊張して横切り、エレベーターへ歩を進めながら、僕は言った。

「りっちゃんってこんなお金持ちなの？　ランチいつもワンコインだったじゃん、から揚げ定食タルタルソース添え」

ありえない、とばかりにワカが固まっている。彼女の住まう階数を押す。

「……」

黙り込む僕たち。なんだろう、エレベーターまでもが上品に昇っていくような気がするのは気のせいだろうか……。

チーン。りっちゃんはいつものりっちゃんだった。

「いらっしゃーい♪」と陽気な声で出迎えてくれた笑顔はいつも通りで、ホッとする。玄関に足を踏み入れると今度はその広さに驚いた。自転車の一台くらいは置けるスペースの三和土（たたき）に高級な靴が並んでいる。

「タカさん、ワカさん！　会いたかったのよ～」

通されたリビングは広々とした空間が広がり、正面のバルコニーはガラス張りになっている。壁面には薄型の大型テレビが設置されていて、そこには僕がかつて在籍していた会社のロゴが記されていた。ちょっと嬉しい。知らない土地で友達に会った時はきっとこんな感覚かもしれない。

僕は、「すごい豪華な部屋だね」と言いかけてやめた。きっと、「マンションってこういうものでしょ」と答えられるだろうとわかっていたからだ。

なんせりっちゃんは総合病院の院長の娘さんで、旦那さんも開業医だ。いわゆる生粋のお嬢様。とはいえ、なぜか僕やワカと馬が合って仲良くしていた。しかも飛行機と自動車が大好きで、サーキットに通って自らも走行したり、飛行機の写真を撮るために飛行場へも通う行動派の変わり者である。

いつもはTシャツにジーンズで定食屋、という付き合いをしていたから、彼女の素性をすっかり忘れていた。なんてこった。

「しかし、人って生まれた時点で差がついている気がしない？」

りっちゃんがコーヒーを淹れにキッチンに行ったタイミングで、僕はそっとワカに耳打ちした。するとガガが、

「タカや。おまえまさか、人生は平等なんて思っていたのかね？」

「いや、別にそこまでは思ってませんけど。でも、生まれた親や環境によって人生って全然違ってくるじゃないですか」

僕の本音だ。お金持ちはやはりうらやましい。そう、人生はズルいのである。

すると、嘆かわしいとガガがため息を吐いた。見えないけどそんな感じだ。

「まったく人間とは勝手なことばかり言う生き物だがね。自分で選んでその環境に生まれて来たというのに」

「えっ！　そうなんですか？」

たしかに黒龍は「自らの課題をクリアするのに適した環境を選んで生まれて来る」と言っていた。しかし改めて言われるとやっぱり納得できないのが人間の性かもしれない。

僕の驚いた顔に満足したようにガガは説明を続ける。

「よいかね？　この世に生まれてくる理由は大きく分けると三つある」

「三つも？」

一口に「課題をクリアする」と言っても、生まれて来る理由も様々らしい。僕は興味津々でガガの言葉に耳を傾けた。

「ひとつめは前世にやり残したこと、後悔していることを払拭するため。ほとんどの人間がこのケースに当てはまるといっていいだろう」

人間の言葉で言えばカルマを解消するため、というところだろうか。僕はうんうんと頷きながら続きを促した。

「ふたつめは、前世と真逆の環境に身を置いてみるため」

「それは金持ちが貧乏に、貧乏が金持ちに、という感じですか？」

僕が尋ねるとガガが「その通り」と力強く答えた。

「例えば子供に冷たくした親が、愛してくれない親の元に生まれるのもこれに当てはまるがね。真逆の環境に身を置き、相手の気持ちを考えるために生まれて来るわけだ。誰でも自分と違う環境には関心がある。わかるかね？」

「まあ、そういうものかもしれませんね」

誰でも自分の知らない世界には興味があるものだ。

「三つめは、苦しんでいる人たちを救うために派遣されるケースだがね。これは稀（まれ）なケースであるがな」

釈迦（しゃか）やキリスト、ムハンマドに空海、最澄（さいちょう）、親鸞（しんらん）などそれぞれの偉大な宗教家がこのケースに入るのだろう。

「ふーん。生まれ変わるといってもいろんなケースがあるわけね」

ワカの言葉を聞いたガガは安心したように「そうなのだよ」と髭を撫でた。

「そして世の中は『平等』ではない。『公平』なのだよ」

平等と公平。一見同じような気もするが……、はて？

「おまえら飛行機に乗るだろ？」

「私はできるだけ乗りたくないけど……」

飛行機嫌いのワカは途端に顔をしかめた。

「飛行機のシートにはいろんな種類があるがね」

エコノミークラス、ビジネスクラス、ファーストクラス。支払う金額に応じてクラスが分かれている。クラスが高くなればより快適な空の旅を楽しむことができる。

「高い金を払ったものにはそれ相応の待遇が許される、それが公平だ。しかし飛行機はどのシートに座っても皆、同じ時間に同じ目的地に着く。それが平等なのだよ」

「あ、なるほど。ガガさん、それわかりやすいです」

僕は右手のこぶしで左の掌をポンと叩いた。

「つまりこういうことですね？　人生のスタートラインが違うのは前世の魂が歩んできた道がみんな違うから。で、この世でその歩みに相応しい環境が与えられている。だから公平ということでしょうか」

「正解だ、タカ。正確には与えられたというよりも、自分で選んでいるのだがな」

僕の言葉に被せるようにガガが言った。

「じゃあさ、『人ばっかりずるい』とか『なんで自分だけが』っていうのは意味がないわけね。だってそれって結局自分でその環境を作ってきたということだから」

「さよう。とはいえ、どんな魂でもここまでして生まれ変わり、成長していることには変わりはない。だから、今現在のおまえたちの魂というのはこれまでで最高の魂なのだよ。金持ちだとか、貧乏だとか、そういうことは本来関係がない。もっと自分の魂を誇りたまえ」

前世よりも、前前世よりも、今の魂はレベルが高い。なんかすごいかも。そして更に上を目指しているなんて。

「うーん。僕の魂ってなんて貪欲なんだろう。こんなに学んでもまだ学ぼうとするなんて、自分で自分を褒めてやりたい気分です」

僕はあふれ出る笑みをこらえきれず呟いた。

「タカや、なにタコみたいな顔しているのかね」

「タコじゃなく、タカです！」

まったく真面目なのかふざけているのか……、相も変わらず不思議な龍神様である。

まとめ

自分の魂は、自らを成長させるために
何十回、何百回と生まれ変わっています。
つまり、その数の分だけ成長を重ねて来た
過去最高の魂です。
そしてまた、
この舞台を選んだのも自分自身。
その誇りと自信を持って
生きることがなにより大事です。

周りにいる人とは生まれる前からつながっていた？

コーヒーカップをお盆に乗せて、りっちゃんが戻ってきた。

香ばしくて、いい香りがする。

いただきます、と口をつけると、僕は「ほう」と目を見開いた。

「いい豆だね。これはうまいよ」

ちょっと知ってるふうに言ってみる。こんな家に住んでいるのだから、きっとコーヒー豆にもこだわりがあるに違いない。

「あ、これ？　特売のインスタントコーヒー」

「タカ、いつも飲んでるのと同じじゃない」

りっちゃんとワカが矢継ぎ早に言ってくる。

「……。う、うん、まあ。雰囲気が違うとうまく感じるよね。それにガリレオ先生が研究室で飲んでるのもインスタントコーヒーだし、うん」

僕は東野圭吾さんのガリレオを引き合いに出して取り繕った。福山雅治さん演じるガリレオこと湯川教授、実は彼は僕の憧(あこが)れである。

「それよりも、今日は旦那さんは?」

「それが友達と約束があるからって遊びに出かけちゃったのよ。ねえ、ちょっと聞いてよー!」

りっちゃんが突然叫んだ。なにやら彼女の導火線に火を付けてしまったようだ。

「うちの旦那ひどいのよ〜! ああでこうで、それでさ! プンスカ!」

そこから僕たちは旦那さんに対する不満を聞くことになった。

服を脱ぎ散らかすこと、話を全然聞いてくれないこと、食べ物の好き嫌いが多すぎること。まあ、どこの夫婦も悩みがあるものだ。たまには吐き出したいときもあるのだろうと、僕が話に耳を傾けていると、ワカが言った。

「りっちゃんの旦那さんって、なんか子供みたいね」

その一言にガガが反応する。

「子供みたいではなく、立派な子供ではないか」

ワカの表情の変化を見て、りっちゃんの目がキラリと光った。

「え。なになに? ガガさん、なんか言ってる?」

りっちゃんは僕たちの事情をよく知っている。それにしたって、ガガも有名になったものだと僕はちょっと驚いた。

「うーん。ガガが言うには、旦那さんはりっちゃんの子供だったかもしれんがね、ってことらしいんだけど、聞く？」

「そりゃ聞きたいわよ！　ガガさん教えてください！」

ガガにすがるように、彼女が声を上げる。けっこう切実なのだろうか。

「ほう、インスタントの女よ、聞きたいかね？　ならば教えよう。その言葉の通りの意味だがね。人間は近くにいるものと前世からかかわりがあるケースが多いのだ」

インスタントの女って……。もう少し違う呼び名にすればいいのに。

「悪いかね？　女に向かって『おい』とか『おまえ』では失礼ではないか。だから我はだな、くどくどくどくど」

「あ、いいですいいです。大丈夫です。じゃあ、僕の家族や友達の中にも、前世から付き合いがあった人がいるってことですか？」

僕は慌ててコーヒーカップをソーサーに戻して弁解した。たしかに興味深い話である。

「さよう。タカや、おまえこの間『知っている人いないから行きたくない』と言ってたよな」

あ。僕は数日前の出来事を思い出した。ある会合への出席を依頼されたのだが、特に知り合いがいるわけでもなく、なんだか気が進まなかったのである。

「そりゃ、誰も知らないところには行きにくいですよ」

僕が同意を求めるように視線を送ると、ガガは我が意を得たりと片方の眉を上げた。

「そうなのだ。これは魂も同じでな。生まれ変わってくるにも見ず知らずの魂ばかりのところには行きたいとは思わんのだよ」

「わかる気がするわ」と、ワカ。

「見ず知らずの魂の子供に生まれたいと望む人間は非常に少ない。家族になろうとすることもあまりないがね。どうせ魂を成長させるのであれば、たいていは、よく知る人のもとで、と思うものなのだよ」

「ええ！　じゃあ私、昔は旦那の母親だった、なんてこともありうるわけ？」

驚愕の雄たけび（雌たけび？）を上げて、友人は思わず立ち上がった。

「もしかしたら旦那さん、りっちゃんの子供だった時の記憶が残ってて、無意識に甘えてるのかもしれないわね〜」

ワカがからかうように笑う。

「うむ。ありうるがね」

ガガも愉快そうに言うと、大きな口を開けてガハハと笑い声を上げた。

自分が魂として生まれ変わるとしたら、何を基準にするだろうか？

前世で自分を大切にしてくれた人の子として生まれたいと願ったとしたら。男性なら父親にかつての親友や先輩を。母親には妻や恋人を。そして妻には前世での母親や、子を選ぶこともあるかもしれないということだ。

実におもしろい。

まとめ

人間は身近にいる人と、
前世からつながりがある場合が多いのです。
もちろん前世でどんなつながりだったのか、
それを知る必要はありません。
ただそう考えるだけで、長く助けたり
助けられたりしてきたんだな、
と感謝の気持ちになりませんか？
その気持ちを忘れないようにしましょう。

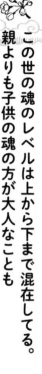

この世の魂のレベルは上から下まで混在してる。親よりも子供の魂の方が大人なことも

「じゃあ、うちの旦那は私よりもレベルが低いってことね！　私の方が上で決定！」

勝ち誇ったように両手を腰に当てて、りっちゃんは胸を張った。すると、

「そうとも限らんがね」

間髪入れずにガガが言った。

「えぇー。なんでぇ？　旦那の方が子供の魂だっていっだすぺぇ〜」

言い忘れたが、この友人は地が出ると東北なまりが出る。普段は標準語を話すんだけど、油断すると僕たちでも解読不能になる。

「魂は繰り返し生まれ変わっていると言っただろう？」

「ええ、いわゆる輪廻転生（りんねてんせい）ですよね」

「魂はその都度、たくさんの経験を重ねているのだよ。その魂が親を育てサポートするために、あえて子供として生まれて来ることも多いがね」

へえ、そうなのか。

「タカや。人間が成長するのに必要なことは何だと思うかね？」

僕は腕を組んで頭を捻る。成長するのに必要なこと……。過去の経験に思いを巡らせた。思い通りにならないことがたくさんあった。だけど、失敗を繰り返しながらも頑張ったからこそ、ここまで来れたと感じる。

「僕の場合、思い通りにならないことを経験した時でしょうか。それが結果的に成長につながった気がします」

「その通りさ。人間は『ままならないこと』を経験し、成長していく。特に人間は三つのままならないことのうち、ひとつでも経験すれば成長するがね」

そこまで分析しているとは、ガガはすごいな。僕が感心していると隣でワカが、

「全部、黒龍さんが教えているに決まってるでしょ」

と、ぼそりと言った。なるほど、「我は人間の気持ちまで知らん」と言っていたガガがここまで細かく教えられるわけがない。僕、含み笑い。

「タカや、聞いているのかね！」

「あ、はい。聞いております。で、その三つのままならないこととは？」

僕は続きを促した。

「ひとつは『子供を育てること』。次に『上司になること』。そして『独立すること』だ」

ガガによればこうだ。

子供を育てることは、自分を見つめ直すことになる。

常識にとらわれずに自由奔放に振る舞う子供の姿は、自分が経て来た過程そのもの。そんな自分の鏡でもある子供に優しくなることが、自分にも他人にも寛容な心を養うことになるという。

次に、上司になることは、部下を育てる役割になる。

部下にいい加減なことを教えるわけにはいかないから、知識や人間関係を見直す必要が出てくる。曖昧だったことをもう一度勉強し直したり、部下に慕われるよう周りとの関係を見直すことが、自分自身の成長につながっていく。

中国の書経でも「教えるは学ぶの半ばなり」という言葉があるように、人に何かを教えることは、自分にとって一番の勉強になるのである。

そして、最後の独立すること。これはすべての判断を自分で行うことを意味する。

他人に責任を押し付けることはできない。すべての判断を自分自身ですることで、強い意志と責任感が養われ、成長していく。

「たしかにどれも、ままなりそうもないわね」

ワカが出されたクッキーに手を伸ばしながら言う。本当はせんべいの方がいいんだろうが、これもままならないことなのか？

「つまりレベルの高い魂が子供として生まれ、親を育ててくれる場合もあるのだ。親が自由奔放な子供を持ち、周りに迷惑をかけることで他人に頭を下げることを覚えたり、他人を許せるようになる。そんな心を育ませたりするわけだよ」

それを聞いて僕は、あるタレントがテレビで言っていたことを思い出した。

彼はそれまで子供が嫌いだったそうだ。公共の場で騒ぐ子供にイライラした。ところが自分に子供ができてから考えが一変した。子供が可愛く感じて、寛容になった。他人の子供に対しても優しく接することができるようになったそうだ。

ままならない子供を育てることで、その親もまた育つ。

「現世で親と子という関係であっても、必ずしも親の魂の方が上だというわけではないんですね」

「さよう。だから今、社会問題になっているような子供を支配してコントロールしようとか、過度に大事に育てようとする過保護は根本的に間違っているのだよ。親子でも家族でも、互いの魂を認め、適切な距離を取って寛容に付き合う。それが自然の姿だがね」

するとまあ、

「じゃあ旦那は私を成長させるためにわがまま言ってるわけぇ～？　ゆるぐねぇんだけど～」

りっちゃんが天を仰ぎながら、オーマイガーと両手を広げた。

ちなみに「ゆるぐねぇ」とは楽じゃない、という意味だ。

まあまあ、りっちゃん。そういうケースもありますよ、ということで。

まとめ

人は「ままならないこと」
を経験して成長します。
困ったこと、うまくいかないこと、
そんな出来事があったら
「成長するチャンスが来た！」と
前向きに捉えましょう。
困った出来事にも自然と
感謝の気持ちが湧いてきますから。

業(カルマ)と共に生きる僕たちの魂の行方

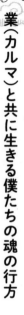

結局、車の話はまったくせずに僕たちはりっちゃんの家を後にした。

「りっちゃん、元気でよかったね」

「まあ、あの元気が彼女の魅力だからね」

とワカがケラケラと笑って助手席の窓を開けた。春の甘い香りが車内へ吹き込んで来る。

県内を縦断する4号バイパスを南へ進むと、目の前に大きな交差点が迫ってきた。

僕は左へハンドルを切る。

「せっかくここまで来たから」

「オッケー、しばらく来てなかったからね」僕の気持ちを察したワカが、パチンと指を鳴らした。

運転免許センターの大きな建物を右手に見ながら、片道二車線の直線道路を気持ちよく走らせる。僕はここで免許を取った。もう20年以上前だ。信号のある交差点を左折し、細い路地に入ると小さなパーキングがある。

車を停車させるとドアを開け、目の前の石段を見上げる。その先には朱色に彩られた鳥居が物静かに佇んでいた。

仙台市にあるここ、八坂（やさか）神社は僕たちがよく足を運ぶ神社だ。ご祀神（さいじん）のスサノオは日本の神様の物語「古事記」でもやんちゃに描かれる魅力あふれる神様である。

一礼して鳥居をくぐる。見慣れた社殿が姿を現した。御手水舎（おちょうずや）で手と口をゆすいでいると、身が清められる感じがして気持ちがいい。

ふと、社殿の前の見事な松の木に気配を感じた。その瞬間、弾かれるようにワカが駆け出した！　な、なんだなんだ？

その時、松の木の陰から誰かが飛び出してきた。気付いたワカが速度を上げる！

「ちょっとワカさん、なんで逃げるのー？」

飛び出した誰かが叫ぶ。

カラシ色のシャツにスキニーパンツ、妻を追いかける謎の女……。

境内から道路に出るとぐるっと回って再び駐車場の方へと戻ってきた。突然始まった神社内でのリアル鬼ごっこ。ゼイゼイと息を切らしながらも、妻がどこか楽しげなのは気のせいか。

「あれ？　かのんさんじゃん」

カラシ色の彼女の正体がわかって、僕は声をかける。かのんさんもまた、ワカの友人である。

「ひどいよ、ワカさん。アタシのこと見て逃げ出すなんて」

彼女はワカと同じように走ってきたにもかかわらず涼しい顔で言った。さすが登山を趣味にしているだけのことはある。一生に一度は富士山に登りたい、という夢を語り、数年前から登山を始めたにもかかわらず、すでに富士山へ登ったという彼女の行動力にはワカも舌を巻くほどだ。

「ごめんごめん。やっぱり、逃げると人って追いかけたくなるもんなんだね。最近、運動不足だから鬼ごっこして遊んでみたくなったのよ」

ワハハと笑うワカ。息を切らして汗を拭う42歳、美女（美女と書かないと怒るんである）。

子供じゃないんだからと呆れつつも、なんだろう、ちょっと楽しい。

「ところでタカさんたちも参拝に？」

少年みたいな冒険心を潜ませた目をキラキラさせて、かのんさんが聞いてきた。

「うん、実はさ」

と、僕はここまでの経緯を説明する。友達の家に遊びに行ったこと。そこで魂の話をガガから聞き、帰りに久しぶりにこの八坂神社にお参りに来たこと。

聞けばかのんさんは、この八坂神社に婚約の報告に来たらしい。自分の産土神（うぶすながみ）が同じ八坂神社のスサノオだが、なかなか地元には帰れないため、仙台の八坂神社に報告に来たそうだ。「産土神社（うぶすなじんじゃ）に行けない時は、同じご祀神（さいじん）を祀る神社に挨拶しに行くのもいいがね」と以前ガガが言っていたのを思い出した。ちなみに産土神とは生まれて死ぬまで、その人のことを守ってくれている神様のことだ。産土神は生まれた土地で決まり、変わることはない。

「ついにかのんも結婚かー！　おめでとう！」ワカが万歳をして喜んだ。

「ありがとう！」と、かのんさんが頬を赤く染めた。

ずっと結婚したいと言っていた彼女の願いが叶ったと思うと、僕も幸せな気持ちになる。

「だけど魂の話って、すごく興味あるわ。アタシもいろんなこと知りたい。お父さんにも結婚を祝ってもらいたかったし……」

実はかのんさんは、幼い頃にお母さんを病気で亡くしている。そして最近、長い闘病生活の末にお父さんも亡くした。小さい頃から死というものを間近で感じてきたのだろう。魂への関心は強いのかもしれない。でも、かのんさんはとても明るい。そんな過去を感じさせない強さとユーモアがにじみ出ている女性だった。

そもそも逃げ出したワカを、境内を一周するほど追いかけるなんて普通の大人はまずしない、いやできない――。

「じゃあ。母は今のアタシくらいの年齢で死んじゃったけど、カルマの解消ってできたのかしら。母の魂は満足できたのかな？　アタシはまだ小さかったけど、母がとっても優しかったのだけは覚えてるんだ」

かのんさんはそう言って、ちょっとはにかんだ。境内にさわやかな風が吹く。

「今でも母親のことをそんなふうに思い出す。それがすべてではないかね」

ワカがいつものようにガガの言葉を仲介して言った。すると、

「え、ガガさん？　キャー嬉しい！　ねえねえ、他になんて言ってるの？　教えて教えて！」

ガガの言葉に、飛び跳ねてかのんさんがはしゃぐ。ポニーテールが上下に揺れた。

その姿に気をよくしたのか、ガガが話を続ける。

「ふむ、カラシ色の女。おまえは素直で可愛げがあるがね。教えてやろう。最近の人間の価値観では『長生きがいいこと』という概念が強いが、魂の概念では決してそうではないのだよ」

今度はカラシ色の女か……。まあ、わかりやすくていいけど。

「長く生きるのが目的ではなく、魂をいかに磨き、成長するかが大事ということですね」

バッグから取り出したノートにペンを走らせながら、僕が言った。

「さよう。そして優秀な魂は若いうちにその目的を遂げることも少なくない。そういう場合は早めに天上へ戻してやることもあるがね」

「人間界で例えるならば、飛び級みたいな感じですかね？」

大学での勉強は4年間必要だけど、あんた優秀だから3年で卒業させるよ的な。しかし、残された家族にとってはたまらない。愛する者がいなくなれば悲しい。

「人間界は天国へ行く魂から地獄へ落ちる魂まで混在している。そんな厳しい環境は魂を成長させるにはよいが、目的を達成した後もそこで生き続けていると魂が消耗してしまうのだよ」

「へえ。魂も消耗するのね、なんだか不思議だわ」

興味深そうにカラシ色の女、いや、かのんさんが頷いた。

「当然だがね。消耗が激しいと次に生まれ変わるまでの回復に時間がかかる。すると神様も困るのだよ。優秀な魂は次に生まれ変わる時にも働いてほしいからな。いわば神様にも必要とされている魂ということだがね」

「じゃあ、お母さんもお父さんもきっと、神様に必要とされたのね」

妻の友人はホッとしたように静かに呟いた。何かを思い出すように目を細めて、空を見上げる。サワサワ揺れる境内の木々が、まるで彼女を見守っているようだった。

「死んで何十年も経つのに優しい母親だったと今でも感じる。病床の父親の苦しみを少しでも和らげてあげたい。そう願ったおまえの姿がすべてを物語っているのではないかね」

ガガが言った。

「それは当然よ。だって親だものね」

かのんさんは微笑んだ。子供みたいに。

そこにいるのは紛れもなく、優しい父親と母親に見守られている娘そのものだ。

まとめ

人間界では長く生きるのがいいことという概念がありますが、神様の見解は違います。大事なのは自分の課題をクリアできたかどうか。課題を早くクリアした魂は、神様のサポートのために早めに天に戻す（亡くなる）こともあるのです。「いい人ほど早く死ぬ」という言葉もそこから生まれたのでしょう。もちろん長生きしている人は優秀ではないというわけではありませんので、ご安心を。

困難が多いヤツほど神様に見込まれている意外な理由教えます

「だけど……」と、かのんさんは続けた。

「そうは言っても残された家族はたまったもんじゃないわよ。『なんで自分はこんなに悲しい思いしなきゃならないんだろう』って、ヤケになったこともあったし」

「異議なーし」

ワカが同意する。いくら「尊い魂だった故に早く亡くなった」と言われたところで、悲しみがなくなるわけではない。ただ、それで救われることはあると思う。

「困難が多いヤツというのは神様に見込まれているのだよ。カラシ色の女、おまえもそうだがね」

ガガの言葉に彼女が目を丸くした。

「アタシが？　なんで？？」

「おまえは登山をするそうだな？」

「はい、します。先週は新潟の浅草岳(あさくさだけ)に登ってきました。それがね、ガガさん。山頂で飲むコーヒーがまた格別に美味しくて！　この話、ちょっと聞いてくれない？」

まるで近所のおばちゃんみたいなノリである。ま、それは置いておいて。

「その様々な山がある中でだ、初心者は簡単な山から始めるだろう？」

ガガが聞く。

「もちろんよ。最初から難しい山に登って、もし遭難なんかしたら大変だもの」

「そして上級者になれば、険しく難しい山に挑戦しようと思うのではないかね」

「それはそうよ。腕が上がれば簡単な山では満足できなくなるし、もっと腕を上げたいと思えばそれなりのチャレンジは必要になるし……あら？」

何かに気付いたように、かのんさんは口元に手をやった。

まさか……という目でガガに視線を移す。

「ガガさん！　もしかして！」

「おい、我はこっちだがね！」

どうやらかのんさんの目線の先には、ガガはいなかったらしい。

彼女は回れ右をすると、再びガガに向かって声をかけた。

「それがアタシも神様に見込まれたって意味ですか？」

するとガガは、さも当然のことのように深く頷くと一言、

「そういうことになるがね」と言った。

驚きを隠せず、かのんさんが仰け反った。どうでもいいが、彼女もワカに負けずにリアクションが大きい。

「しかしだ。いくら魂のレベルが高く、成長に厳しい環境が必要だといっても誰彼かまわず過酷な環境を与えればえらいことだがね。苦しさに耐え切れず、せっかくの魂が潰されてしまっては元も子もないからな」

「たしかに。では、もし魂自身が望んでも神様が躊躇(ちゅうちょ)して止める場合もある、ということでしょうか？」

割って入った僕の言葉に、ガガは簡潔に「さよう」と答えた。

「魂が過酷な環境を乗り越え、成長する。それに絶対的に必要なものはなにか。今のタカならわかると思うのだが？」

ガガの問いかけに、僕はワカとかのんさんに目をやる。

ワカも子供の頃、お母さんが重病で入院し、お父さんも治療代を稼ぐために仕事が忙しくて家にいなかった。いつも一人の幼少期を過ごしたそうだ。授業参観はもとより、幼稚園の入園式も一人。お弁当はパンを買って持っていく。僕が聞いても切なくなるエピソードだが、当の彼女はあっけらかんと言い放つのだ。

「私ってめっちゃ恵まれた環境で育ったのよねー。家族仲良かったし、友達もいたし」

僕は、自分の気持ちに蓋をして、そう思おうとしているのだとばかり考えてきた。だけど……。

もう一度、二人を見て思う。突然走り出すワカ、追いかけるかのんさん。

これは建前でできることではない。彼女たちの共通点は、たぶん……。

「わかりました。魂の成長に必要なもの、それは『明るさ』ではないかと」

「正解だ。どんな大変な状況でも、なんで自分ばかりとふてくされることなく、気が付けば明るく生きている。それができることがなによりの強さなのだ。『明るさ』『素直さ』そして『思いやり』。この三つを持つものが周りの人間にも愛され、神様にも見込まれるのさ」

そう言って笑った。

どんな辛い時も、失敗を繰り返しても、明るさを失わずに強く生きる。口で言うほど簡単ではないかもしれないけど、そうすれば必ず素晴らしい幸せを神様は与えてくれる。

神様は乗り越えられない試練は与えないとよくいうが、それはきっとそういう意味なの

だろう。そんなたくましい女性たちに尊敬のまなざしを送っていると、突然、

「なにぃ！　だから子供の頃からこんな大変なことばっかり起きるってこと？　神様ひどくない？　イジメだイジメ！」

「そうよ、そうよ！　その分、いいことなかったら恨むからね、神様！」

二人揃って境内(けいだい)で騒ぎ始めた。や、やめなさいってば。賑やかになった境内に気持ちのいい風が吹き抜けた。その様子を眺めながら、

「おーい。いつになったらワシに参拝するのかね～？」

拝殿から顔をのぞかせたスサノオさんが呟いていたとか、いないとか。

まとめ

どんな人にも必ず悩みや試練があります。
そしてその難易度も人それぞれ違います。
レベルの高い人には難しい試験が、
低い人にはやさしい試験が。
もし自分が、難しい試練に立ち向かわなければ
いけないと感じたら、それだけのレベルに
なったんだと思えばいいのです。
神様は乗り越えられない試練を
与えることは決してありません。

守護霊と龍神の役割の違い

結局、僕たちは参拝を終えた後、盛り上がったまま夕食を共に食べることにした。よく行くビュッフェの店だ。ここは和洋中と流行りのスイーツが揃っていて、なんでも美味しい。僕たちは思い思いに皿に料理を載せてテーブルに着いた。

「いやん、美味しそー！」

と、嫌なのか嬉しいのかわからないセリフを連発しながら、かのんさんは皿にたっぷり盛られた料理に挑む。

僕は美味しそうに食事をする人が好きだ。食べ方を見ると、なんとなくその人の深いところが垣間見える気がする。

日本では食べ物を海の幸、山の幸という。食は人を幸せな気持ちにするのだ。

「でも不思議だと思わない？　同じレストランで食事しているけど、ここにいる人みんなにそれぞれの人生があるわけでしょ？　このドレッシング、うま！」

「そしてそれぞれに家族や生活がある。うん、この魚のソテーも美味だ」

突然、哲学的なことを言いだす夫婦。料理の批評も時々混ざるのはご勘弁頂きたい。すると、かのんさんが言った。

「ひとつ聞きたいんだけどさ、ワカさんにはガガさんが憑りついてるわけでしょ？」

「なに！　憑りついてるとは失礼な！　我はオバケではないがね！」

ガガ、激高。龍のオバケ、想像するとちょっとおもしろい。

かのんさんがペロリと舌を出す。

「ごめんなさい、訂正するわ。あの、誰にでもそういう自分を守ってくれる守護霊様がいるんでしょうか。そこが知りたいの」

人間には一人一人、守ってくれる守護霊が付いている。昔からそう言われている。僕もそういう本をたくさん読んだし、いろいろな話を聞いてきた。

「龍神様は、またそれとは別枠ってことになるのかしら？」

彼女の疑問は興味深いものだった。

なるほど。龍神と守護霊、その役割に違いがあるのだろうか？　意思の疎通はあるのか？　関心があるところだ。

「守護霊は誰にでもいるがね」

「やっぱりいらっしゃるんだ、なんか嬉しい」

そう言って箸を置くと、かのんさんは胸にそっと両手を当てた。

「さよう。しかしそれは人間同士の助け合いのようなものだ。遠い過去に亡くなった人の魂が修行を積んで守護霊となり、生きている人間を守る。そしてそれは先祖など深いかかわりのある人間であることが多いがね」

「それじゃ、僕を守ってくれている守護霊さんは僕の遠いご先祖様の可能性が高いと?」

「ふうむ。ここはひとつひとつ説明しなければならんがね」

そう言うとガガはチラリとどこかに目線を送り、何かを促す。すると、

「それでは私がご説明致しましょう」

黒龍が颯爽（さっそう）と現れた。風は吹かない。なんせここは公共の場である。人に迷惑をかけない、スマートに振る舞う、これが黒龍さんのポリシーなのだ。

それにしても、こういうデリケートな話題については丁寧な説明をしてくれる黒龍の存在はありがたい。しかも魂の話は黒龍さんの方が詳しそうだし。

「よろしくお願いします」

僕は膝に手をおいて、シャンと背筋を伸ばした。

「その前に、私の質問に答えていただきたいのです」

と、黒龍さん。「なんでしょう」と僕らは言った。

「もし皆さんが守護霊になったとしたら自分の血を引く子孫と、まったくの他人とではどちらがやる気が出ますか？」

「そりゃ、自分の血を引く身内に決まってます」

僕、即答。女性陣もうんうんと頷いている。

「そうです。ですから人間にはそれぞれ自分の関係する方が守護霊として守ってくれるケースが多いのです。他にも補助霊という役割で補助してくれる霊体もいますが」

「補助霊？」

「補助霊はその時々で最も最適な霊体が務めます。子供の頃、勉強が必要な時は学者だった霊体が、スポーツに取り組んでいる時にはスポーツが得意だった霊体が、といった感じです。守護霊は一生変わりませんが、補助霊はその時代時代で入れ替わるようです。先日、龍神仲間から教えてもらいました」

と、黒龍は付け加えた。

なるほど。龍神についての記述が最も多く見られるのは実は仏教である。人間の生死に深くかかわってきた龍神仲間に、話を聞いてくれたんだろう。

「じゃあ守護霊や補助霊は、人間が人間を助けているような感じなのかしら」

「さすがワカさん。その通りです。言わば互助会のような感じでしょうか」

互助会とはおもしろい例えをする龍神様である。

「そしてこれはデフォルト。標準設定として、この世に生きるすべての人が守護霊チームに守られています」

「では、龍神はそこにどのようにかかわっているのでしょうか？」

僕は核心を突いた。そこが知りたいところである。

「いわば龍神は、オプションと考えて頂ければよろしいでしょう。標準設定には付いていませんが、希望に応じて付けることができます」

オプションって……。すごい表現もあったもんだ。しかし、言っているのが龍神本人（本神？）なのだから、何も言えない。

「それならオプション付けた方が絶対得じゃーん！」

魚介のパスタをフォークにクルクル巻きながら、かのんさんが言った。気付けば他の皿の上にあった山盛りの料理は綺麗さっぱり消えている。

「守護霊チームが標準設定。で、龍神チームがオプションってことね」

ワカがノートを取り出してカリカリとメモる。お得な情報は聞き逃さない。食事中でもこういうところは抜け目がない。

「ちなみにですが……」僕はそう前置きして質問を続けた。

「守護霊チームにも強い弱いってあるんですかね？」

「そりゃああります」

黒龍はピシャリと言い切った。

「これは守護霊でも神様でも、もちろん私たち龍神も同様です。その人間自身が守護霊でも神様でも、きちんと意識して感謝の心を持つこと。それがなければ、守る側としてもみんなやる気を失ってしまいます」

たしかにその通りだと僕は思った。人間同士でもそうだ。助けてあげた人が自分に対して感謝の気持ちがなければ、次にまた助けたいという気持ちはどうしても薄れる。それは亡くなって霊体になったとしてもきっと同じだろう。守護霊といっても元はこの世で生きていた人間なのだから。そして、神様だって同じではないだろうか。

「質問を続けてもかまわない？」

水を一口飲んで、かのんさんが言った。

「私も守護霊チームを始め産土神や氏神様。それにもしかしたら、龍神さんにも助けてもらっているわけですよね？」

ガガが前に言っていた。「我々からすれば肉体を持っている存在の方が少数派なのだよ」と。つまりこの世界には僕たちだけでなく、たくさんの目に見えない存在に支えられているということだ。

「素朴な疑問なんだけど、いいことあって『龍神さんありがとう！』って思ったら実は守護霊さんのおかげだった。そんなことがあったら守護霊さんが気分を害したりしないかしら？」

「へえ。かのんって意外と気にしぃなんだね」ワカが意外そうに言う。

「ワカさんは気にならないの？　やっぱり直接本人（本神？）にきちんとお礼したいと思うじゃない」

「カラシ色の女性、あなたは大変優しいのですね」

黒龍はそう言ってゆっくりと続ける。すでにかのんさんのニックネームはカラシ色に決まってしまったようだ。

「あなたの周りには、神様、龍神、ご先祖様、守護霊。もしかしたら妖精や天使などもいるかもしれません。そういう存在すべてに対して『ありがとう』という気持ちがある。それだけでみんな嬉しいのです」

「なら黒龍様、特定の存在にだけ感謝の言葉を伝えたとしてもアタシの気持ちは伝わるってことでしょうか？　大丈夫？」

「ええ、大丈夫です。あなたの『ありがとう』という暖かい気持ちは伝染していきます。その暖かさが守っているみんなに広がっていくのを想像してください。そしてその気持ちに誘(いざな)われて、更に守ってくれる存在が増えたり、強くなったりもします」

「ありがとう」という言葉は魔法の言葉。特定の人に向けた言葉でも、その暖かい気持ちは広がっていく。

石油ストーブをイメージしてほしい。ストーブで暖められた空気は周囲に広がって、みんなを暖めてくれる。特定の人だけを暖めようと思っても、そうはいかない。自然と周囲も暖まってしまう。

そして寒ければ、ストーブの周りにみんな集まってくるのだ。暖まりたくて。

だから、「どの神様に感謝すればいいか？」と悩む必要はないのだろう。

「それを聞いて安心したらまたお腹が空いたわ」

その言葉を聞いた僕は、目の前の皿がまた空になっているのを見て目を丸くする。い

……いつの間に！

まとめ

幸せなことが起きた時に「誰のおかげ？」
と悩むことはありません。
必要なのは「ありがとう」という気持ちです。
あなたのその温かい気持ちは
周りの人、神様、守護霊様みんなに
ちゃんと伝わっていきます。
それが明日の幸せへと
導いてくれるエネルギー源になるのです。

そりゃマズい。繰り返す魂の失敗。政治家の失脚は守護霊の仕業？

「ところで気になることがありまして、僕」

ふと疑問が湧いてきた。

「龍神や神様は人間の願いを叶えるため。いわば人間の意思によって働いてくれているわけですよね？」

試験に受かりたい、子供を授かりたい、恋人が欲しい、お金持ちになりたい……、たくさんの願いを持って人間は神社に行く。そしてそれに向けて行動する。その姿を見て神様や龍神が後押しをしてくれ、そのワクワクした魂をエネルギーに替えている。

「守護霊チームも同じような働きをしているのでしょうか？」

僕の言葉に黒龍が

「さすがタカさん。珍しくいい質問です」

「さすが」と「珍しく」、なにやら言葉が相反している気がするが……。

「私たち龍神や神様はその人の意思を後押しするのが役割です。やりたいこと、願い、それらを後押しして魂を弾ませる、ワクワクさせる。それを望んでいます。しかし、その人に縛られることはありません。その人が龍神に嫌われる行動を取れば離れることもあるのです」

「では守護霊チームは？」

僕は聞いた。

「ずっとその人を守ります。守護霊はその人がどんな悪い考えを持っても離れるわけにはいかないのです。ですからなんとか軌道修正して、それ以上魂レベルが落ちないように導くのです」

「ええと、例えばどのようなケースが？」

僕は積極的に攻めていく。ここは具体的に知りたい。例題があるとないのとでは、大いに違うものである。

すると黒龍は少し思案するように間をおいた。そして、ゆっくりと話し出す。

「ニュースなどで、よく政治家の不祥事が話題になりますよね」

「ありますね」

いつの時代でも政治家の不祥事は後を断たない。

「政治家の多くは、最初はみんな『国を良くしたい』『世の中のために』という気持ちを持っていたはずです。しかし、地位を得て権力を持つに従い、初心を忘れてしまう人も多いのです」

うーん、わかるぞ。わかるわかる！

「そんな時は、やはり魂のレベルも落ちてしまうのでしょうか？」

「当然です。そういう時、私たち龍神や神様であればそのまま離れてしまえば済むわけですが、守護霊チームはそうはいかず、ずっと一緒にいなければなりません。ですからその人の魂のレベルがそれ以上、下がらないようにするために」

「下がらないようにするために？」

僕たちはゴクリと唾を飲み込んで、黒龍の言葉を待った。

「様々な方法で政治生命が絶たれるように導くでしょう」

「えええええ！　そ、そうなんですか？」

僕は驚きのあまり仰け反った！　仰天である。これ以上、悪くならないように政治生命を絶つとは。まさかそれが自分を守ってくれている守護霊たちが導いているなんて思いもしないだろう。いや、マジで。

「じゃあ、不正をした行為がバレたり、悪いことをした人が捕まったりってことも守護霊の導きだってことも？」

「もちろんあります。先ほどガガさんが、今の魂がこれまでで最高と仰いましたね？」

「ええ。生まれ変わるたびに成長しているから、過去のどんな魂よりも今が一番崇高な魂であると」

僕はガガに教えられたことを反芻した。

「その成長してきた魂が現世で格を下げたら意味がありません。守っている守護霊の責任も生じてきます。ですからそうならないように必死に止めるのです」

社会的な成功が魂の成長と一致するわけでは必ずしもない、ということか。

しかし、虚飾に心を奪われ、間違った方向に行こうとしたとき、それを止めてくれるのが守護霊という存在だ。そして、正しく魂が成長できる方向へ進むようになった時、龍神や神様が後押しをしてくれるということか。

そして、僕は気が付いた。

「そうか。じゃあ僕がかつて受験に失敗したのもきっと、その学校では魂のレベルを落とすからと止めてくれたんですね」

僕が手を叩いて言うと、

「それはおまえが勉強しなかったからだがね、バカもん」

「予備校さぼってフラフラ遊んでたからでしょ」

ガガとワカの息の合った声が飛んで来た。

さて、最後にデザートでも取って来ようかな。ケーキバイキングの様相を呈している女性陣の皿を眺めながら、僕はいそいそと椅子から腰を浮かせた。チョコレートケーキが焼きたてらしい。ラッキーである。

まとめ

政治家や芸能人のスキャンダルは、
守護霊がこれ以上間違った行いを
しないように正してくれているのです。
ずっと一緒にいてくれる守護霊に
そんな手間をかけさせないためにも、
志を高く持って行動しましょう。
人様に顔向けできない行為は
慎むのが大事です。

人間が「死」を恐れる理由。そこにすべての答えがあった

「はい、コーヒーどうぞ」

レディファーストを信条とする僕は、食後のコーヒーを運ぶ。ありがとう、と言われるとやっぱり嬉しい。かのんさんがスイーツをおかわりしようと席を立った。

するとワカの視界が開けたらしい。僕の肩越しを覗き込むと何かに気付いた様子で、「変な人、こっち見てる」と、ぽつりと言った。

「変な人?」

キミも充分変な人だけど、とは口に出さずに僕はさりげなく後ろを振り向く。後方の席で手を上げるニヤニヤ笑いの男が目に留まった。まだ春だというのにアロハシャツにハーフパンツ。足元はビーチサンダルという、まさに季節先取りのいで立ち。

「彼、明らかにタカに微笑んでるよね」

「俺?　マジで?　勘弁してくれよ」、と思いつつ……まさか俺に一目ぼれしたわけではあるまいな、ともう一度ゆっくりと振り返った。と、いつのまにやらその男はすぐそばに立っている。

「いよ～、タカ！　元気かよ」

驚いて目を見開く。もしかして……。

「え？　アキラ？」

「おう、久しぶり！　おまえ作家なんだって？　うわさで知ってビックリしたよ」

そう言うと、僕たちの席の隣にドカッと腰を下ろした。

彼の名はアキラ。中学・高校時代の同級生だ。小さな漁港のそばにあった彼の家に、自転車で遊びに行ったのを思い出す。思えば僕が見えないものを意識し始めたきっかけはこいつかもしれない。当時流行っていた心霊漫画や雑誌を好んで読み、僕もその影響を多分に受けた。そういえば、一時期はエジプトのピラミッドの謎を熱く語っていたものだ。

「ビックリした。アキラ、なんでここに？　今こっちに住んでんの？」

「まあね。いろいろあったから気仙沼出てさ。今、仙台の会社で働いてる」

そう言いながらワカの方へ目線を送るのに気付き、僕は妻を紹介した。

「ああ、おもしろい龍神様と仲良しの奥さんね。はじめまして」

と笑顔で挨拶を交わす。そして、その向かいに目線を向けた瞬間、

「あ、山女！」

「だから山女じゃないから！」

目を剥いて、かのんさんが声を上げた。え？　知り合い？

どうやらアキラは今、会社で働きながら学生の就職支援のアドバイザーもしているらしかった。かのんさんも教師をしているため、教育関係のイベントなどで顔を合わせることがあるという。しかし女性に向かって「山女」とは大胆な……。

だがまさか、アキラが僕の友達だったとは知らなかったらしく、かのんさんも驚いた様子だ。

「ああ、俺もめっちゃ興味あるなー。魂の話」

アキラは僕たちの話を聞くと、呟くように言った。

「こういう話、アキラ昔から好きだったよな」

「まあね。もしそれがわかったらみんな、死ぬことへの恐怖とか少しは和らぐのかなーってね」

そのアキラの言葉にガガが反応する。

「なぜ人間は死を怖がるのか。その答えは簡単さ」

その言葉をワカが伝えるとアキラは喜びの声を上げた。

「え、なになに。ガガさん？　マジで？　本当にいるんだ！　すげー！」

「本当にいるんだとは失礼な！　我は偉大な龍神様なのだよ」

まあまあ、と僕は両手を上下させてなだめる。初めて見た芸能人に「本当にいるんだ！」というファン心理みたいなものですから、はい。

「考えてもみたまえ、この世に生きるものすべてに『死』は訪れる。それは例外なく、平等にだ」

「そうですね」と、僕。

「だが、常に『死』は恐怖の対象なのだ。この最大の理由は、皆あの世のことを知らないからなのだよ」

「知らないから恐怖を感じる、と？」

「さよう。いわば何も見えない闇に恐怖を感じるのと同じなのさ」

そこに何があるかわからないから真っ暗な闇に恐怖を感じる。もし、そこに明かりがあれば、人の恐怖は和らぐものだ。「ならば……」と、僕は顔を上げてガガに言った。

「肉体は滅んでも魂は生き続ける、そういう真理がわかれば人間は死という未知への恐怖から抜け出せるということでしょうか？」

僕の言葉にガガは一旦間を置いて、息をひとつ吐く。

「そうかもしれんな。もしそうなら、おまえがこの話をする意味もあると思うのだがな」

そう言って意味深な視線を投げかけてくる。「そんなプレッシャー与えないでくださいよ」と、僕が苦笑いを浮かべていると、隣でアキラが深く息を吐き出した。

「タカ。今度、その辺いろいろ聞きたいな」

「うん……あらためて」

「楽しんでいるところ悪かったね。じゃ、また」

アキラはそう言うと軽く片手を上げて、自分の席に戻っていった。

「あのアロハの男。大きな試練を乗り越えてきたようだな」

「……」

ガガはわかっているのかもしれないと、僕は黙り込む。だってアキラは……。

「タカや、これからあの男から学ぶべきことがあるかもしれんな」

偉大なる龍神の呟きが漏れた。

まとめ

人は知らないことに恐怖を感じます。
これは「死」に限ったことではありません。
日常の生活でもそうです。
そういう時は知らないことを怖がるのではなく知る努力をしてみる。体験してみる。
行動することで多くの恐怖は取り除けます。
そして「死」への恐怖はこの本で取り除いてもらえるはずです。

人はなんで死ぬんだろう？
死んだ人にはもう会えないのだろうか？
そんなことをふと、思う時がある……

第2章

幸せのアウトラインの引き方

愛情・夫婦生活編

夏

目の前には太陽の光を反射してきらきらと光る海が広がっている。
子供の頃から、
毎日のように、
そして当たり前の風景として広がっていた青い海だ。

その海岸沿いで椅子に座り、
本を読んでいる男性が目に留まる。

「父ちゃん！」
気付けば叫んでいた。
駆け寄ってもう一度叫んだ。
「父ちゃん！　何やってんだよ、どこにいたんだよ。探したんだぜ」

作業服に身を包み、
自分で作った自慢の椅子にゆったりと腰かけている。

本から顔を上げた、
表情はいつもの父のものだった。
ニッコリと笑って頷きかけてくる。

「一緒に帰ろう！」
その言葉が聞こえていないのか、
父は「今、本を読んでるから」という仕草をすると、
再び目線を落とした。

ただ穏やかな表情で、
何かを安心させるように。

気付けば、
いつもの見慣れた天井が目に入ってきた。

「結婚できない」のはあなたの魂のレベルが高いからかもしれない話

「うわぁぁぁんっ！　婚約破棄されたぁーっ！」

泣き叫びながらワカに抱きつく女子。

「よしよし。かのんのことをわかってくれる人がちゃんと現れるわよ、男はごまんといる」

涙と鼻水でぐしゃぐしゃになったかのんさんは痛々しかった。その背中をワカがポンポンする。

彼女から連絡があったのは今朝のことだ。僕がリビングでパソコンのキーを叩いていると、寝室からなにやら話し声が聞こえて来た。少しするとワカが貞子のように這ってくる（この光景はいまだにちょっと恐怖だ）、どうやらかのんさんがやって来るらしい。ろくに開かない目で台所の隅に座り、ミネラルウォーターをぴちゃぴちゃ舐める妻の姿はまるで野良猫、いや、化け猫のようである。

ほどなくして、泣き腫（は）らした目のかのんさんが現れた。

「やっとやっと、結婚できると思ったのに！　くっそー、悔しい」

この女、なかなか口が悪い。

「で、婚約破棄された原因はわかってるの？」

ワカが改めて聞くと、かのんさんは盛大に鼻をかみながら頭を捻った。

「わかんない。はっきり言われなかったから。でも、うまく言えないいんだけど彼、なんかスッキリしない人だったの。何に関しても歯切れが悪いっていうか……」

と、言うと、髪を振り乱して語気を荒らげる。

「だって食事のメニューも私が決めてたのよ。『じゃ僕も同じ』って感じで。結婚だってしたいのかしたくないのか、いつまでも煮え切らないから、思わず『結婚する気があるのかないのかはっきりしろ』って言ったの。そしたら、『本当はまだしたくない』って。一体何なのよ、バカにするなー！」

「で、彼氏の本音がわかっちゃったわけだ」

僕は眉根(まゆね)を寄せて言った。意外な言葉から相手の本心が見えることは、よくある。

「まさか本当に結婚する気がないなんて、思いもしなかったのよ」

肩を落としたかのんさんは、ワカの腕に抱かれて、またさめざめと泣いた。

「ねえ、かのんはなんで結婚したいわけ？」

かのんさんが少し落ち着くのを待って、ワカが飲み物を持って来た。冷たい緑茶だ。グラスの中で、氷がカランと涼しい音を鳴らす。

「なんでって、そりゃ……」

一瞬言葉を切ると、彼女はふっと宙を見上げた。

「……なんでだろう？　もともとは親を早く安心させてあげたいと思ってたんだけど……。その親ももういないし」

母親を早くに亡くし、長い闘病の末に父親も亡くした。ずっと親を安心させたい、喜ばせたい、そんな気持ちでかのんさんは明るく頑張ってきたんだろうと思う。

すると、

「おはよーだがね！」

突然、ガガの声が響いた。といっても、仲介するのは妻ワカであるが。

「案ずるな、カラシ色の女」

「ガ、ガガさん～。アタシ、もうダメかもしれません」

かのんさん、弱気。そりゃあそうだろう、当然だ。

「悲しすぎて辛いです、お父さんもお母さんも好きな人も、みんなアタシから離れていっちゃう。うわぁぁん！」

「悲しみで死ぬヤツはおらんがね。ちゃんと生きられるから安心したまえ。生きている限りは死なんのだ」

「生きている限りは死なん」、ある意味、名言だ。「頭痛が痛い」や「疲労の疲れ」と同じニュアンスの力を感じる。

「でもガガさんに言われると、なんか大丈夫かもって気がします。今は辛いけど」

「当然だがね、我は偉大な龍神だからな。それに挨拶をすれば人間は元気になるのだ。我にはそれがわかっているのだよ。おはよーだがね！」

挨拶（あいさつ）という言葉は禅の言葉に由来する。「挨」も「拶」も「押す」という意味が込められていて、相手の心を押し開き、距離を縮めるという意味がある。だから挨拶ひとつで人の心は開かれ、元気になる。

しかし、それを差し置いてもガガがしゃべり出すだけで自然と場は和む。ハードな場面でも思わず笑ってしまうのは、ガガの人柄ならぬ神柄なのかもしれない。

「さて、カラシ色の女よ。おまえはそんなに結婚をしたいかね？」

どうやら話を聞いていたらしい。

「ガガ、かのんに何かアドバイスしてあげてよ。偉大なる龍神様でしょ？」

「仕方ないがね。こいつらは頼りないから、ここは我が教えてやるがね」

そう言ってガガは、ふんと鼻を鳴らした。

「そもそもなぜ人間は結婚するのか？　おまえらは知っているのか」

「なぜ結婚するか？　そりゃあ……」

僕は腕を組んで思考を巡らせる。

「子孫を残すためとか、家族をつくるため……とか……」

明確な答えなど考えたことなかった。ワカとかのんさんも、同じく首を傾げている。

「では問おう。人間はなぜ生まれて来るのかね？」

「それは……魂を成長させるため、前世でやり残したことをするためですよね？」

僕は恐る恐る手を挙げて答えた。

「さよう。いわゆるカルマ（業）をクリアするためだがね。そして、そのために人間は結婚をする」

「え？　どういうこと？　ぜんっぜん意味わかんないんだけど」

ワカが眉間に皺を寄せた。

「考えてもみたまえ。結婚とはまったくのアカの他人と共に暮らすことだ。これは大変な作業なのだよ」

「言われてみれば……」

冷静に考えれば、生まれた場所も環境も考え方も好みさえも違う二人が、ひとつ屋根の下で寝食を共にするわけだ。

「まあ、たしかに甘くないかもね。恋とか愛とかヌカしているだけではどうにもならないこともあるし」

リアルな答え、さすがは我が妻である。

「そもそもだ、結婚生活は自分の主張だけでは成り立たんがね。相手を尊重し、認め合うことが必要なのだよ。だから自己中心的でワガママな魂はそれを学ぶための結婚をする。それが自分のカルマだと魂がちゃんと知っているからさ。結婚は自分のカルマをクリアするための手段のひとつにすぎん」

「じゃ結婚する人は、結婚しないとクリアできないカルマを持っている、ということですか？」

僕の言葉にガガは大きく頷くと、かのんさんに視線を向けた。

「逆を言えばだ。結婚生活でクリアするべきカルマがないヤツは、無理に結婚しなくてよいということになる。それだけ魂のレベルが高いということさ」

そう言うと笑みを浮かべ、

「なに、慌てることはないがね。この世はなにもカルマ云々だけではない。必要な縁がある時は必ず相手が現れる。しかも自分に相応しい相手がな。今は辛いだろうが、ちゃんと乗り越えられるがね」そう言った。

ガガの言葉に少し勇気付けられたのだろうか、かのんさんは「はい」と声を発して、小さく頷いた。

まとめ

結婚生活でクリアするべきカルマがない人は、無理に結婚する必要はありません。

多くの宗教では聖職者の妻帯を禁じていますが、これは「神に仕える人は結婚してまでクリアすべきカルマがない魂の格が高い人物である」ということを示す必要があるため。結婚ができずに悩んでいる人はそれだけ魂レベルが高い可能性も。

それに本当に必要であれば、必ず相応しい相手が現れるそうです。

子供ができない夫婦の悩み。その魂が与えられた意外な役目とは？

「ねぇ。じゃ子供が生まれない夫婦の場合はどうなわけ？　子供ができずに困ってる夫婦ってけっこう多いのよね。友達も悩んでるし」

ワカが疑問を口にする。思えば僕たちにも子供はいない。

「同じことだがね。まず、子供を育てるということは大仕事だ」

「前に聞いた『魂の成長に必要な三つのままならないこと』の中に子育ても含まれていましたよね」

僕はガガに教えられたことを思い出す。

そう、魂はままならないことを経験して成長する。

「さよう。それまで傲慢で謝ることができなかったヤツが、自分の子供が他人に迷惑をかけたことで他人に頭を下げることを学ぶ。些細(ささい)なことで怒っていたヤツが、子供が生まれて寛容になることを学ぶ。自分のことしか考えなかったヤツが、子供が病気や怪我をしないように心を配る。そんな学びを知る、それが子育てをする意味さ」

「じゃあ、結婚の話と同じように子供が生まれない夫婦もあんまり悩む必要はないのね。

子育てをしてまでクリアすべきカルマがないってことだもん」

お茶を淹れ直しながら、ワカは言った。

「さよう。ある年齢になったら結婚して子供を産み育てる。それが当たり前という常識になっているようだが、我々からしたらそれは人間が勝手に決めたことだがね」

「ガガさんにそう言ってもらえるとちょっと安心する。だっていつも周りから『いつ結婚するんだ』『婚期を逃すと子供が産めなくなる』って言われてきたから。なんかすごくプレッシャーで……」

そう言って、かのんさんはため息をついた。

日本ではまだまだそういう風潮が強い。でも人にはそれぞれの事情があるし、生き方もある。ワカも、血液異常を患って出産は危険と言われた。そんな事情を考慮せずに「そうするのが当たり前」と言って、結婚出産を押し付ける風潮は危険かもしれない。

「結婚しない人、子供が産めない夫婦も悩む必要はない。悩んで解決できるものでもないからな。それよりも大事なことがあるかもしれんがね」

窓を開けると、ほんの少し湿気を帯びた夏の匂いがした。季節はこれから本格的な夏に向かう。

「子供を産むよりも大事なことがある……か。そうよね」

ワカはポツリと呟くと、

「ガーガーうるさい龍神様の言葉を書かなきゃならないもんね。そっちの方が大変な作業だわ」

「言える」

僕も思わず同意する。

「なに！　こんなに真摯な龍神を捕まえて、『ガーガーうるさい』とはどういうことかね？　おい、答えるがね！」

梅雨の晴れ間の太陽が嬉しい。

いい天気だ。どこかに出かけようか。

まとめ

子供ができない夫婦も悩む必要はありません。
それは子育てを通じてクリアするべき
カルマがないだけのこと。
その代わりに、他にやるべきことがないか
考えてみましょう。
僕たちも子供がいませんが作品を通じて
多くの人に楽しんでもらう。
それがやるべきことだと信じています。

ギクシャク夫婦の真実。合わない魂同士が結婚するって本当？

「今日は一人になりたくない」と、かのんさんは言った。だから僕たちは、一緒にドライブに出ることにした。

かのんさんの気持ちが少しでも晴れればいい、と思ったのだ。

僕は愛車に颯爽と乗り込み、ハンドルを握る。迷わず海沿いへ車を走らせた。

開けた窓からブワーッと吹き込む熱気に顔をしかめつつも、バックミラーでイケてるサングラス姿に見入っていると、

「ちょっとタカ、窓閉めてよ！　暑いでしょ！」

「エアコンつけよ、エアコンエアコン」

二人からクレームの声が上がる。

「ムードがないなあ」、僕はパワーウィンドウを上げてエアコンをつけた。

山々は緑が濃くなり、風も太陽に熱せられて、暑さは日に日に凶暴になりつつある。ついこの間まで、春の暖かさにホッとしていたのが嘘のようだ。

4号バイパスを北上し、国道45号線に入る。片道二車線の広々とした道を走っていると

道路上に「これより先、津波浸水想定区域」と書かれた標識が現れた。こんなところまで波が来たのか、と考えながらアクセルを踏み込んだ。

助手席と後部座席では「あ、また888のナンバー」と、二人が話していた。8という数字は龍神様からのサインだという。

「龍神様が近くで見守ってる証拠だよ」

と、ワカがかのんさんに言った。毒舌ではあるが、実は妻は優しいんである。

赤信号だ。車を止める。すると、

「あ、ワカさん。ちょっと隣の車、見て」

好奇心が潜んだ声で、かのんさんがささやいた。

見れば隣の車では、運転席の男性と助手席の女性が言い争っているのがわかる。後部座席に小さい子供を乗せているから、家族だろうか？

「こりゃ夫婦喧嘩ね。きっと奥さんは『だから私の言った道を通れば渋滞にははまらなかったのよ！』って文句を言ってんのね。あ、旦那の反撃。『うるせえな、遅れたのはおまえの化粧が長いからだろうが』ってとこかな」

ワカがアフレコする。うまいものだな、と感心していると信号が青に変わった。車が流れ出すと、その車との距離は徐々に離れていった。

「それにしても、どんな夫婦も最初は愛し合って結婚するわけでしょ？　その後も仲良し夫婦って意外といない気がするのよね。なんでかしら」

かのんさんが疑問を口にする。

「タカさんとワカさんはいいよね。いつも仲が良さそうで」

「そうかな」と、僕は苦笑いを浮かべた。

「自然にそう見えてれば嬉しいけどね。でも、仕事のことではかなり激しくぶつかるし、ものすごい喧嘩に思われることもあるよ」

「あはは、そうだね。でもまあ、感情的にやり合うことはないかも」

ワカもそれに続く。そもそも仲が良いってどういうことをいうんだろうか、とたまに思う。すると、

「夫婦の気が合わぬのは不思議ではないのだよ」

ガガが言った。

「え？　どういうことでしょう？」

これは聞き捨てならない。かのんさんが言うように、夫婦とはお互いが愛し合って一緒

になったはずである。気が合わなくても不思議じゃないというのは、ちょっと解せない。

ガガの目がキラリと光る。

「我はなんのために結婚すると言ったかね？」

「魂のカルマをクリアするためでしょ。『自己中心的で他人に迷惑をかけている人が夫婦生活でお互いを尊重することを学ぶ』とか言ってたじゃん」

ワカの言葉に僕はハッとして、ハンドルを叩いた。

「わかった！　そのためには自分と意見が合わない、気が合わない人と結婚した方がより学びは深くなるからですね」

つまりこういうことだ。

気の合う人同士であればお互いが相手の意見を尊重するとか、相手に合わせるといった必要はない。だって、考えが自分と同じなのだから。自分のしたいようにやっていても相手も文句を言わない。

ところがだ。考えが違う者同士だと、どちらかが引くか、話し合いで解決するという行為が必要になる。人はそうやって相手のことを思いやったり、心を配ることを覚え、協調性を育み、いつしか人間として成長することができるのだ。

そしてそのためには「気が合わない人の方が都合が良い」ということになる。

「えー。マジで！　聞いてないんだけど」

ワカとかのんさんが声を揃える。そりゃそうだろう、僕だって驚いている。

「気が合わぬもの同士が惹かれ合い、愛し合う。人間の魂とはおもしろいものだがね」

ガガはそう言って笑った。

夫婦は仲良く、円満に生活をするのが普通。喧嘩をしたりギクシャクするのは人間ができてない証拠。そんなふうに言う人がいる。だけどよく考えれば、みんな生身の人間だ。ギクシャクしたり喧嘩をしても、ちゃんと結婚生活を続けている。それだけで立派なことだという気がしてくる。

まとめ

結婚とは、生まれも育ちもまったく違う二人が
残りの人生を歩むということ。
それだけでも本当に大変な作業です。
ですから、
「それを継続させているだけですごいこと」
そう思えばパートナーの
嫌なところも、もう少し寛大に
見ることもできるでしょう。
すると更にあなたの魂の格は上がります。

離婚にも意味がある。それを知れば対処方法も見えてくる

車を降りると、潮風の香りが鼻孔を刺激した。海の近くで育った僕にとっては懐かしい感覚だ。僕たちは、陸奥国(むつのくに)一之宮・鹽竈神社(しおがまじんじゃ)へやって来たのだ。

突き抜けるような真っ青な空に、山の峰のように雲がそそり立っているのは、いかにも夏の風景だ。

境内を歩きながら、ワカとかのんさんがおしゃべりをしている。もちろん神様に失礼がないように小さな声でだけど。僕は置いて行かれないように少し足を速める。

鹽竈神社の参道は三つある。２０２段の急な石段を登る男坂。ここはすごくキツい。でも、登りきると達成感があって気持ちがいい。次にゆったりとした女坂。雨に濡れると、その参道の艶っぽさがよくわかる。そして鹽竈神社最古の参道といわれる、山道のような七曲坂(ななまがりざか)だ。ふだん僕たちは七曲坂を登ることが多いけど、今日は女坂を選んだ。

大きな石造りの鳥居をくぐると、まっすぐに広い参道を行く。ワカは歩きながら両脇の獅子狛犬(ししこまいぬ)に話しかける。これが彼女の習慣というか、まあ癖なんである。ガガによれば獅子狛犬は神様の使い、眷属(けんぞく)であるそうだ。

「お久しぶりー。一気に暑くなりましたねえ」とか、「今日は男と別れたばかりの友達連れて来たんですよ、慰めてやってくださいな」とか、そのほとんどが世間話だが、聞いているとけっこう楽しい。

突然狛犬にしゃべり出すワカに、他の参拝者が一瞬驚きの表情を浮かべるのもおもしろい。心なしか、眷属たちも話しかけられて喜んでいるように思ってしまう。

僕たちは御手水舎で手と口をゆすぐ。御手水舎の水はひんやりと冷たくて、暑い夏には気持ちがよかった。

東神門から社殿へと少し歩く。唐門をくぐると、落ち着いた朱色の社殿が目に飛び込んで来た。

「いつ来ても感動するわ。ここ本当にきれいな社殿」

うん、同感。すると、周囲が慌ただしくなり、どこからか綺麗な音色が響いてきた。笛だ。振り向くと雅楽の音色が響く中、花嫁行列が現れた。厳かな雰囲気が辺りを包み込む。神職と巫女に導かれながら進む新郎新婦。新婦の白無垢と綿帽子姿が場を一気に凛とした空気に変えた。そうか、今日は大安だった。

「きれい……」

かのんさんが呟くように言う。そして、すぐに目を伏せた。婚約を破棄されて間もない彼女に、この光景は辛いだろう。しまったと思いつつも、起こってしまった以上は仕方がない。

「かのん、こういうおめでたい場に居合わせるのもいい傾向なのよ。良い気をまとっている人は、同じような気が集まる場所に引き寄せられるから」

「きっとかのんさんも、いい方向に進めるってことだと思う。今は辛いかもしれないけど」

実際、僕も人生で大きな動きがある前には、本当に辛い試練を経験した。気休めかもしれないけど、かのんさんには早く元気になってほしいし、本当の幸せをつかんでほしいと思った。

「ありがとう。でも、ああやって幸せな二人でも結婚生活になるといろいろあるわけじゃん。ガガさんが言ったように気が合わない人同士ならなおさらで。友達でも離婚した子がいるし、きっと結婚って難しいのね……」

「まあ、そうかもね」

僕は考えを巡らせる。たしかに令和元年の厚生労働省の統計によれば離婚件数は21万件にも上る。婚姻件数は60万件だから三組に一組は離婚することになる。

「なら離婚する人は、カルマをクリアしてないからダメってことなのかしら？　もっと努力が必要だった、と」

かのんさんが誰に言うともなく疑問を口にする。すると、

「そんなことはないがね」ガガの声が境内に響いた。

「もちろんパートナーとうまく家庭を築いていく。そのための努力は必要だし大切だ。しかし最初に出会ったパートナーが最良であるとは必ずしも限らん。そう思わんかね？」

「思います。私も昔、結婚までしなくていいと思った相手がいました。付き合っている途中で『なんか違うな？』と感じて別れた経験があります。もしかしたら、今回も」

最後の方はよく聞き取れなかったが、かのんさんがゴニョゴニョ答える。

「もし人間が最良のパートナーのことを運命の相手と言うのであれば、最初にそういう相手と出会うかどうかはわからん。結婚した後に出会うこともあるだろう。その場合はしっかりと話し合い、お互いが納得した上で次の段階へ進めばよい。それに失敗から学ぶべきことは実に多いのだよ」

人間には失敗はつきものだ。一度で最良の相手と結ばれるとは限らない。それに一度結婚したことで自分の悪い部分がわかることだってある。

自分中心で相手との価値観が合わないことに腹を立てたり、傲慢になってしまったり、金遣いが荒かったりと離婚の原因は様々だけど、それに気付き、直すきっかけになるのだ。
そんな時は「なぜ失敗したか?」を考え、次につなげることができれば成長する機会をもらったことにもなる。

「次につなげるためにも、うまくいかなかった理由を考えて成長につなげる。そういうことですね」

僕は確認するように言った。

「その通りだ。そして誰が運命の相手なのかは他の誰にもわからんがね。心と魂が満たされる相手、それを最終的に判断すべきは、自分自身しかいないのさ」

まとめ

離婚はいけない、という人がいますが
誰にだって失敗はあります。
一度で最良のパートナーを
見つけられるとは限りません。
大事なのはそんな時に、相手のせいにせずに
「何がいけなかったのか？」
を考えて次につなげること。
これも立派な成長のひとつと考え、もっといい
パートナーを見つけて幸せになればいいのです。

夫の浮気、妻の浮気。それも修行のうち？　隠された本当の意味とは？

「ではガガさん、浮気はどうですか？　結婚した後で最良の相手と巡り合えた場合、隠れて付き合ったりする人もいます。いわゆる不倫ですけど」

僕は続けて聞いてみる。有名人の不倫問題は最近もずいぶん話題になった。いつの時代も色恋沙汰（いろこいざた）は関心度が高い。

「ガガさんふうに言えば、ケリをつけずに複数の相手と関係を持っている場合ですけど」

「ややや っ！　タカや、おまえまさか浮気したいのかね？」

「違いますってば。そんなこと僕はしませんよ」

慌てる僕を笑うと、ガガは少し考えるように顎をさすった。

「よいがね、いい機会だ。この際だから世の中の法則にのっとって、教えてやろうではないか」

「よろしくお願いします」

「しつこいようだが、世の中の法則を思い出すがね」

「相手にしたことが自分に返ってくる法則です。良いことも、もちろん悪いことも」

僕は以前ガガに教えられたことを反芻する。

「さよう。つまり、どんな出来事であれ相手を悲しい気持ちにさせれば、その悲しさはいずれ自分に返ってくる。それを浮気という行為に当てはめてみたまえ」

「ザックリ言えば浮気って、一人と決めずに複数の相手と関係を持つってことでしょ。もし、それが相手にバレなければ誰も傷つかないし、悲しまないからセーフってことになる気もするけど」

ワカが考えながら問う。ガガは言った。

「ふうむ、まんざら的外れでもないがね。たしかにバレなければ悲しむヤツがいないから、世の中の法則に影響はないかもしれん。しかしだ」

クワっ‼　偉大なる龍神は口を大きく開ける。境内の空気が震えた。

「もしもバレた時に悲しむ者がいれば、悲しませた人間の運気はグッと落ちる。それはもうすさまじいほどにな」

「でもそれじゃあ、バレても誰も傷つかない場合はオーケーってこと？」

納得いかない顔で、かのんさんが不満を口にした。

「たしかにバレても誰も傷つかなければいいかもしれんな。しかし、それはそれで悲しい話ではないかね？」

「そりゃ……」

たしかにそうだ。かのんさんが言葉に詰まる。

バレても誰も傷つかないということは、その人が誰からも必要とされてない、愛されていないということになる。浮気や不倫がバレても妻や夫、恋人も悲しまない、子供も何も感じない。そんなの僕だったら絶対に嫌だというか、もう悲しい……。

「それにな、浮気や不倫は隠れてやるからおもしろいのだ。見つからないスリルを楽しむヤツも多いだろう。現に堂々と『浮気しろ』『不倫しろ』となれば、誰もしないがね。したとしてもすぐ飽きるのが関の山さ」

「ガガも言うわね～、過激」ワカ、苦笑。

「本当に浮気相手を愛しているならともかく、そんな甘いスリルだけを味わいたい行為は、往々にして世の中の法則で悲しい結末を迎えるがね。ま、やりたきゃ勝手にすればいいがね」

ガガの飄々（ひょうひょう）とした一言が、夏の空に響いた。

まとめ

道徳的にとか、道義的にとか、そういうことを
抜きにしても浮気や不倫は
誰も幸せにはなりません。
それに選択(決断)できない人は
神様にも龍神にも嫌われます。
もし、結婚相手が自分と合わないのであれば、
お互いのためにしっかりと話し合い、
ケリをつけてから次に進むことです。

いつの時代も避けられない嫁姑バトル!! 悩めるあなたへの処方箋

ガガの話に納得していると、社殿から式を終えた新郎新婦が静々と出てくるのが見えた。親族と思われる人たちも幸せそうな笑顔を浮かべている。

おや？　新郎の後方にいた母親と思われる女性が、周りの親族たちに声をかけている。笑みを浮かべながらもあっちこっちを指差して、介添え人に何やら細かく指示しているようだ。

「ああいう姑さんだとこれから大変かもね、お嫁さん」

ワカがコソッと言う。

「嫁と姑の問題は永遠の課題っていうしね」

誰にともなく言った僕の一言に、ガガがすかさず反応した。

「いいかね、これは逆に運気を上げるチャンスにもなるのだよ」

「チャ、チャンスですか？」

嫁姑問題がチャンスとは、いかなることか。果たして、偉大なる龍神は続けた。

「考えてみたまえ、結婚相手は自分で愛して決めたパートナーだ。しかし、相手の家族はどうかね？」

「そうねえ、相手にもれなく付いてくる存在だもんねえ」

と、ワカ。まるでお菓子のおまけみたいな言い方である。でも、この例えはわかりやすい。

「たしかに相手の家族とは本来つながりがないですよね。最初から愛情や友情があるわけでもないし」

「さよう。タカの言う通り、相手の家族と自分と結びつけるものは何もないがね。むしろ相手の親から見れば、可愛い子供を取られたと思う者さえいる」

「わかります。自分の子供に異常に固執して苦労するお嫁さんの話は、アタシもよく聞きます」

かのんさんの言葉に僕は「そりゃ大変だ」と眉をひそめた。苦労しそうだ。

「で、それのどこに運気を上げるチャンスがあるってわけ？」

ワカが聞く。龍神様相手でも、歯に衣着せぬ物言いはさすがである。

するとガガは、ふんと鼻を鳴らして説明を続けた。

「裏を返せば、そのなんのつながりもない相手に優しく接することができる。それはすごいことなのだよ」

それを聞いて、胸の中でストンと何かが落ちた。そうか！

「そういう難しい状況でも、その相手、例えば姑なんかを喜ばせることができれば、訓練になる。魂を鍛えることができるということじゃないでしょうか」

「ご名答だ」

ガガはグッと顎を引いた。

「世の中の法則では周りにしたことが返ってくると言ったが、それがパートナーの親の場合は効果が大きくなるのだ。もともと自分とつながりがない相手を喜ばせれば、二倍三倍になって戻ってくる。いわば神様からのご褒美というわけさ」

神様からのご褒美。うーん、素敵な響きだ。僕は頬を緩ませて頷く。

「嫁姑問題は修行のひとつと言うヤツもいるが、そんなふうに考えると辛いだけだがね。どうせなら『相手も自分もいい気持ちになって、神様に褒められよう』というくらいの方がやる気も出るだろう」

ガガの言う通りだと思った。

新しい家族とは言っても、そこにはもともと血のつながりもない。それが突然家族や親戚となるのだから大変だ。だけど大変な分だけ幸運もある。そして不思議なことに、そのうち本当の愛情が芽生えたりもする。

ふと境内を見回すと、一組の家族が目に留まった。あれは先ほど車の中で喧嘩していた夫婦じゃないか。子供を間にはさんで楽しそうに笑っていた。背伸びをした子供が、お賽銭箱に小銭を投げ入れる。そして、お母さんを真似てパンパンと小さな手を叩いた。一体どんな願いごとをしているのだろう。横ではお父さんが子供を見つめていた。

「結婚は魂を成長させるための修行である」とか、「子供を産み育てることで自分自身を成長させる」とか、それだけ聞いたら大変なことのように聞こえるかもしれない。だけど、それに余りある幸せももらえるのが、家族という存在だ。

神様はどんな時でも困難だけを与えることはしない、必ずそれを補って余りある喜びを用意してくれている。だってさっきまであんなに喧嘩していた二人がこんな笑顔になるんだもの。

「さ、行こうか」

僕は振り返って二人に声をかける。と……、そこに二人の姿はなかった。

手をかざして周りを探すと、鳥居の外へ歩を進めるワカとかのんさんの姿を見つけた。

そこには「冷やし甘酒」の旗がひときわ目立つ、茶屋があった……。

まとめ

嫁姑問題は永遠の課題です。しかしここに
幸運への鍵が隠されているのです。
本来、何のつながりもない
パートナーの親を大切にすることで、
あなたは神様に愛され、
運気は一気に上昇します。
そう、幸運とは「困難」という仮面を被って
やってくるのです。

マザコン夫の意外な真実。その秘密は魂の旅にあった

「さっきの嫁姑問題だけど」

帰りの車中。茶屋で味わった冷やし甘酒の余韻に浸っていると（そもそも甘酒は夏の季語なのだ）、かのんさんが切り出した。

「友達にいるの、悩んでる子。『姑がイジワルする分には我慢できるけど、旦那が母親の肩ばかり持つのが耐えられない』って」

「いわゆるマザコンくんか」

助手席のワカが後ろを振り返った。

「ガガさん、そこのところどうなんですかね？　これにも何か原因があるんでしょうか」

僕はガガに声をかける。

………ん？　反応がない。

怪訝（けげん）に思い、僕たちが辺りをうかがっていると、

「ガガさんは今、鹽竈神社の神様にご挨拶に行っていますので、代わりに私がお答えしましょう」

礼儀正しい黒龍の声が車中に響いた。

「へえ、ガガって意外と律義ね」

「きっと僕たちのことをお願いしてくれてるんだよ、ありがたいねえ」

ガガさんありがとう、と僕はニンマリだ。それにしても、上司である神様の前でペコペコするガガを思い浮かべるとちょっと可愛い。

「この場合も、前世が関係していることが多いのです」

マザコンと前世に一体何の関係があるというのか？

「以前ガガさんが『人間は近くにいるものと前世からかかわりがあるケースが多い』というお話をしましたが」

「ええ。『どうせ生まれ変わるなら、知っている魂と一緒に生まれたい』と」

ガガに教えられたことを反芻する。僕もきっと、知らない魂ばかりの環境は選ばないだろうと思う。

黒龍はひとつ頷いた。こちらがちゃんと理解しているかを確認しながら、丁寧に話を進めてくれるのがありがたい。ここだけの話、ガガにはない配慮である。

「魂がまた生まれて来るとき、前世で恋人だった人の魂が先に生まれていたとします。するとその近くにいたくて、その魂の子供として生まれることもあるのです」

なるほど。理屈ではそういうことも可能ってわけか。

「そんな時、多くの場合は仲の良い親子になるのですが、時にその愛情が大きすぎると異常なマザーコンプレックスや、その他の多くの問題に発展するケースがあるのです」

黒龍はそう言いながら、嘆かわしいと両手を広げて首を振った。

「なら異常性愛とか、正気じゃないおかしなことが起きるのも、魂の潜在意識が影響してるケースもあるわけ？　あ、言ってて気分悪くなったわ、オエ……」

「ワカさん、その通りです。人間として善悪の判断ができない時は、悪いカルマがまた発生してしまいます」

「そりゃそうですよ、人間は理性がある動物ですから」僕は言った。

まとめ

マザコン、ファザコン、ブラコン、シスコン。
もちろんそれ自体が悪いと
言っているわけではありません。
とはいえ、過剰な愛情は
愛憎劇を招きかねません。
どんなに深く強い愛情があるとはいえ、
現世では恋人でも夫婦でもないのです。
愛情のさじ加減は難しいですが、
そのさじ加減を自分で上手にコントロール
するのがちゃんとした「大人」です。

ちょっと話しにくい性（せい）のこと。かつて人間が招いた悲劇

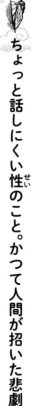

「いくら愛してると主張したところで、この世でお互いがどんな立場かを忘れちゃ本末転倒よね」

ワカが珍しく（！）真面目な顔で言った。

「その通りです。実は性の問題は人間に課せられた大きな課題で、どの国もいつの時代もなくなることはありません」

黒龍は淡々と言った。

「タカさん、なぜ性交には快楽があると思いますか？」

「え？　それは……」

いきなりだな、黒龍さん。単刀直入な質問にちょっと戸惑いつつも、思案を巡らせて僕は答えを捻り出した。冷静に考えればこれしかない。

「子孫を残す必要があるためだと思います。快感がなければ無理して行為には至らないのが動物ですし」

「さすがです」

僕の回答に満足したかのように黒龍は頷き、続けた。

「魂は自分自身の成長のために子供を産み育てると言いました。ままならないことを経験するためです。しかし、そんな『修行のため』という意識が強いと、人間の潜在意識はわざわざ子供が欲しいと思わなくなります。進んで苦労したい人間はいません」

シーン。車内が静まり返った。納得の嵐が吹き荒れている。

そりゃそうだ。結婚も子育ても修行だと言われたら、ちょっとなんかアレだ。

「ですから肉体には性交によって得られる『快楽』が与えられました」

「すごいわね、そんなカラクリがあったなんて」

ため息と共に、ワカが感嘆の声を上げた。

「ですが人間が快楽のみに執着し、子供を産み育むことを忘れてしまったら。この世の秩序や良識は乱れ、大変なことになってしまいます」

そこでワカが「ちょっとした疑問なんだけど」と、口を開いた。

「昔はいろんな事情があって、そういう世界で生きなきゃならない人もいたと思うのよね。遊女とか、つまり風俗的な。それを全否定するのは女として気が進まないんだけどな」

また過激な……。しかし、妻の言いたいことはなんとなくわかる。

なぜなら「風俗」は世界中で認められた場でもあるからだ。日本でも昔から遊郭と呼ばれる風俗の基盤が存在したし、戦後GHQ（連合国最高司令官総司令部という、日本を占領、統治した機関）によって女性の人権が声高に叫ばれるなかで規模は縮小されたものの、大きな役割を担ってきたのは間違いない。

特に江戸時代は多くの庶民が、「親の借金のために売られてきた」という事実を知りながらも遊女に一目を置き、女性自身も誇り高く生きていた。

それにそこにはただの欲求の解消だけではない、「心の何か」もあったはずだと僕は想像する。

「誤解しないでください。私はそれを否定しているわけではありませんし、何事にも立派な役割があります。この場合の問題は快楽に溺れ、堕落し、『人間本来するべき役目を果たさなくなる問題』についてです」

黒龍は一旦言葉を切り、ひとつ息を吐く。

「性の乱れは人間社会にとっても大きな問題のひとつです。ですから乱れすぎると、世の中は自然と浄化されます」

え、どういうこと？　アクセルを踏む足に思わず力が入った。

「おっと、あぶね！」僕としたことが、これはいけない……。

僕は近くのコンビニにハンドルを切った。駐車場に車を停車すると、落ち着くためにミネラルウォーターを口に含む。

僕がこの話に反応するのには、大きな理由があった。黒龍の言葉をもう一度反芻する。

「性が乱れると自然と浄化される」、実は旧約聖書の創成期の話「ノアの箱舟」では、神様の教えに耳を傾けない人間に対して大洪水が起きた。この原因のひとつに性風俗の乱れがあったとも言われているのである。

そして、ベネチアでペストが大流行して多くの死者が出た時も性風俗が乱れ、娼婦が街にあふれていた。本来、ネズミにしか感染しないはずのペストが人間の間で流行するという、あり得ない出来事が起きたのはそんな時だった。

研究者肌の僕にとって、それは実に興味深い話だったのだ。

「じゃ、そういう時って神様が怒っているのかしら？　やだ」

恐る恐るという様子で、かのんさんが口をはさむ。だが黒龍は首を横に振った。

「神様が怒って制裁を加えていると言う人もいますが、それは違います。そんな状態を放置していたら人間自身が堕落していく。それは地球全体にとっても困りますから、悪くなった芽が摘み取られるのです。そんな自浄作用が宇宙全体で働いている。単純です。汚れたら、洗う。ただそれだけのことです」

性の乱れは、ただ快楽に負けることを意味する。快楽に溺れるあまり、人間本来のやるべきことを忘れてしまっては魂の成長など望めるわけがない。

せっかく駐車したのだからと、僕たちはコンビニでアイスコーヒーを買った。店を出ると空は赤い夕焼けに包まれ、潮の香りが漂ってくる。この辺りも七年前には大きな被害が出た。

もちろんあの大震災は、日本人の行動によって起きたわけではないだろう。ガガも黒龍もそんなことは一言も言っていない。

しかし、人間が欲望に溺れ、正しい道を見失ったとき、宇宙全体でバランスをとるために浄化が起きることはありえるのだ。それだけは肝に銘じておく必要がある。

そして物事には皆、必ず理由があり、どこかでつながっている。そう、僕たちもきっと、まだ見ぬ何かとつながっているのかもしれない。

まとめ

人間には三大欲求があります。
「食欲」「睡眠欲」そして「性欲」です。
快適で健康的な生活を営む上で、
それらの欲求を満足させることは
大事なことです。しかし、それはあくまでも
「快適な社会生活」を営むためのものであり、
それ自体が目的になってしまっては
本末転倒。快楽に溺れすぎて、
本来あるべき生活が乱れないように
注意することが大切です。

親を安心させたいために
結婚したいと思った。
でも、
お父さんもお母さんももういない。
じゃあ私が本当に
したいことって、何だろう？

第3章 その幸せ、困難にある意外なワケ

秋 人間の意味編

けたたましくサイレンが鳴り響く。泣き声、叫び声、もうなんだかわからない破壊音が耳をつんざく。その中で、箱庭が壊れるような不思議な光景を呆然と眺めていた。

東日本大震災で気仙沼は20メートルを超える大津波に襲われた。

慣れ親しんだ街並みがどす黒い濁流に呑まれ、さっきまで温かい営みがあっただろう家々が、あたかも川面（かわも）に踊る枯れ葉のように右から左へ流されていく。

時折、大きな衝撃音と共に家と家とがぶつかり合い、壊れ、茶色い煙が立ち昇る。

「ああ、家の中にはあんなに埃が溜まっていたんだな」なんて、おかしなことを頭のどこかで考える。

職場で顧客対応をしている時に激しい揺れに襲われたのは、つい1時間ほど前だった。立っていられないほどの大きな、そして永遠に続くかと思うほどの長い不気味な揺れ。防災マニュアルに従い、顧客を素早く避難させていると大津波警報が出たと告げられた。建物の目の前は海だった。

所長の判断で建物の高さ、強度もあることから屋上へ避難するよう指示が出た。すぐに他の従業員と共に屋上へ逃げた。

そして気仙沼の街並みが津波に呑まれていく様を、目の当たりにすることになった。

防災無線で繰り返し流れる避難を呼びかける放送。甲高く鳴り響くサイレンの音。怒号と悲鳴。木っ端みじんに町が壊れていく衝撃音のたびに、地面が激しく揺れた。

今までに経験したことのない混乱がそこに広がっていた。

そんな状況にもかかわらず、

「両親は無事に避難したかな。きっとしたはずだ。二人とも熱海に旅行に行くのをとても楽しみにしていたんだから。それよりも……」


自分は、今自分ができることをしなければ。

恐怖を振り払うように頭を振ると、大きく息を吐く。両手をグッと握りしめる。

気合いを入れるためにパンパンと頬を両手で叩いた。笑おうと決めたのだ。どんなにいびつな笑顔でもいい。今は周りで怯えている同僚たちや避難してきた子供たちを安心させないと。できることは必ずある。今はまず、生き延びなければならない。

龍神はその時にあった能力を授けてくれる。実はそれは自分の魂の産物だった

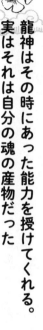

「では今回の企画はこれでいきましょう。タカさん、よろしくお願いしますね」

「こちらこそよろしくお願いします。いい作品を作ります」

僕は両手を膝にのせて頭を下げた。

今日は、東京で出版社との打ち合わせだ。僕たちはできるだけ顔を合わせて打ち合わせをする。電話やメールで済ますこともできるが、やはり直(じか)に会って話をした方がいい。表情や声のトーン、ちょっとした仕草などで相手が何を求めているかを感じられる。もちろんそれは相手も一緒だと思う。

五感をフルに使ってコミュニケーションを取る。これもガガに教えられたことだった。それを心がけてから、僕の人生もどんどん好転した。

それに……、

「あ、そうだ。美味しいカステラがあるんですけど、食べます？」

「食べます！　いやっほー」

間髪入れずにワカが声を上げた。

編集者さんも嬉しそうに「今、持ってきます」と、部屋のドアを開けて出て行った。

相手の好意を喜んで受け入れる、これも大事なことだ。神様がせっかく与えてくれた幸運も「なんか申し訳ない」という気持ちでいると「あ、こいつはいらないんだな」と、もらえる幸運もどんどん少なくなっていくのだそうだ。これもワカが龍神に好かれる要因かもしれない。

「でも、まさか私たちがこんな仕事をするなんて、夢にも思わなかったわよね」

と、ワカは窓の外に目を向けた。その向こうにはお台場が見える。

「まあね。僕自身、まさか自分が本を書くなんて想像もしなかった」

僕は子供の頃から数学や科学が大好きで、本を読むのは苦手だった。だから作文がなにより嫌いで、400字詰め原稿用紙を見るたびに吐き気がするほど憂鬱になったものだ。もちろん国語の成績は最悪。それなのに。

「その人間に相応しい能力を授けるのも龍神の仕事だがね」

ガガが口を開いた。

「ガガったら、打ち合わせ中は固まって一言もしゃべらなかったくせに」

ワカが呆れている。実は、ガガは意外とシャイで人見知りなのである。初めての場所や初めての人が相手だと、どういうわけか固まってしまう時があるのだ。僕たちとしては、打ち合わせの時にもっといろいろしゃべってくれると助かるんだけど。

「我は忙しいからな。そんな話にいちいち付き合っているわけにはいかんのだよ」

そう言って、ふんと鼻を鳴らす。まったく面倒な龍神様である。

「ところで龍神様が能力を授けてくれるって、どういうことですか？」

「言ったままだがね。聞いたことあるだろ、成功者と言われるヤツの中に『サラリーマンから歌手へ華麗なる転身』とか、『プロのスポーツ選手が後にビジネス界で大成功した』とか」

「あるある。昔してたことと全然違うことで成功する人の話はよく聞くわ」

そう言って妻が僕をチラ見した。なるほど、僕の場合もそうかもしれない。科学が好きでエンジニアとして働き、政治経済を学んだ。そして今は本を書くという仕事をしている。

「まず急に好みや趣味が変わった時は、その可能性が高い。神様や龍神が、今後必要な能力を授けてくれているのだ。そんな時は『やったことないし』とか『わからないから』などと言わずに感覚に従ってみることさ。それが神様の意向に沿うことにもなるがね」

「じゃあ、今度は役者の才能も運んで来てくださいよ。映画とかに出たいなあ」

そう言って僕は大袈裟に両手を広げた。するとガガは、やれやれと首を振る。

「ふん、せんとくんみたいな顔をして何を言う。それにだ、我々は魔法使いではない。この世で与えられる能力は、そいつの魂が学んだことがあるのが前提だがね」

そう言うと一度言葉を切り、僕たちに問いかけてくる。

「我は以前こう言った。『人間は生まれ変わる時に、前世の記憶はすべて忘れた状態でやってくる』と」

「ええ。前世の記憶があると人生を楽しめないこともあるから、と聞きました」

教えてくれたのは黒龍さんですけど、と喉まで出かける。

「さよう。しかし、前世の記憶は忘れているだけでしっかり魂に記録されている。我々龍神ができるのは、必要に応じてその中の記憶を思い出させてやることなのだよ」

「じゃあ僕も前世のどこかで物書きをしていたんですかね？」

「少なくとも文章を学んでいたことはたしかだろう。でなければ、おまえごときがこんな文章を書けるわけないがね」

「またそんな言い方を」と、僕は口を尖らせる。

「じゃあさ、ガガ。すごく頑張って結果が出なかった場合でも、もしかしたら生まれ変わってその能力が役に立つ、なんてこともあるわけ?」

「もちろんだがね。逆に前世で頑張ってきたことが現世で花開くことは多々ある」

ワカの疑問に、偉大なる龍神は言いきった。

なるほど。今の自分があるのは長い旅を続けてきた魂のおかげなのだ。「人は死んだらそれで終わり」「一切が無になる」とも言われるが、そんなことは決してない。それを理解できれば、目の前の成功や失敗にこだわることなく、やりたいことに一生懸命に取り組む勇気も湧いてくる。

そう、人生に無駄なことは、本当に……ないのだ。

まとめ

龍神はその時々で必要な能力を授けてくれます。
だけど、その能力は突然「ポン」と
現れたわけではありません。
前世の自分が必死に学び、
努力して身に付けたものなのです。
もし「自分にこんな能力が！」と気付いた時は、
自分の魂を誇りに思いましょう。
能力は来世に引き継がれます。
つまり、何かを始めるのに
「遅すぎる」ということはありません。

高所恐怖症、閉所恐怖症……。様々な症状に隠された真実とは？

「お待たせしました」

編集者さんがカステラを持って来た。

「あ、長崎のカステラ！　この底のザラメがたまんない」

我が妻は、皿まで喰らう勢いである。

窓の外は秋晴れ。日差しが海に反射して綺麗だ。

「しかし、いい眺めですね。こんなところだと、仕事もはかどりそうだ」

「いやあ、実は私、高所恐怖症でして。高いところがめっぽう苦手で」

と、編集者さんは肩をすくめた。そういえば、打ち合わせ中も窓から一番離れたところに座っていた。なるほど。

「こういう恐怖症は生まれついたものなんですかね？　別に高いところから落ちたとか、そんなトラウマがあるわけではないんですけど……」

そう言って苦笑いを浮かべつつ頭を掻いた。

その後、僕たちは「食事に行きましょう」という甘い誘いを振り切り、ビルを出た。大きな自動ドアが開くと、金木犀(きんもくせい)の柔らかな香りが漂ってきた。香りは季節を感じさせてくれる。東京でもそれは変わらない。僕たちが浜松町駅への連絡路を歩いていると、

「あれは魂の記憶がそう感じさせている場合が多いがね」

ガガが言った。どうやら先ほどの高所恐怖症の話らしい。

「もう、ガガ～！　だからその話が出た時に言ってよ！」

またまたワカがプンスカする。ま、気持ちはわかる。

「どういうことですか。高いところで怖い思いをした前世の記憶とか？」

ビジネス街。行き交う人の波を避けながら、僕はガガに聞き返した。

「恐怖症の多くは前世での経験が原因だがね。海で溺れて死んだ魂が水恐怖症となったり、高いところから落ちて死んだ魂が高所恐怖症となったり、大方そんな感じさ」

「友達でもいるわ。人の作ったものは怖くて食べられないって子」

「過去に毒を盛られた記憶があるのかもしれんな。いくら忘れてくると言っても、強烈な記憶は魂のどこかに残っていることがあるがね」

「そういう場合はその恐怖とずっと付き合っていかなければならないんでしょうか？」

僕の言葉にガガは首を横に振った。

「そんなことはないがね。『前世で怖い思いをした』という事実をまず受け入れ、自分はこれが怖いと納得することで、恐怖心が和らぐことも多いのだよ」

「いくら怖い目に遭ったとはいえ、前世は前世。時代も場所も違うところで起きたことだと思えば、少しは気も楽になるかもですね」今度、編集者さんに教えてあげよう。

今、うまくいかないことや、怖いことがあっても前世のせいにしてこだわり過ぎる必要はない。「今は今」と、前を向いてこの世での新しい喜びを感じること。それが大事なんだろう。

僕がそう思っていると、

「おい、押すんじゃないがね！　我はあっちに行きたいのだよ！」

ガガの声がだんだん遠ざかっていく。

賑やかな東京の街で、大勢の人たちの波に呑まれて、ガガが流されていった……。

おーい！　龍神様ぁーーー！

まとめ

理由のわからない恐怖症は多くの場合、
前世の記憶が影響しています。

とはいえ、前世は前世でしかありません。

まずは「きっと前世で怖い思いをしたんだな」

と、怖いと感じる事実を
受け入れてあげましょう。

その上で、

「今は時代も場所も違う」

「今の自分とは関係ない」

そう思うだけで、恐怖は少し和らぎます。

この世はしょせん修行の場。ならば楽しく過ごした方がお得です

「まったくひどい目にあったがね」

ガタンゴトン、ガタンゴトン。山手線に乗って東京駅に戻っていると、ガガが呟いた。

電車内は平日の昼間ということもあり、そんなに混んではいなかった。僕たちは吊革につかまり、車窓から流れていく雑多な都会の風景を眺めていた。

「ってか、龍神様が人ごみに呑まれますか？　普通」

「いいではないか。龍神だって楽しみたいのだ。人ごみに呑まれるとはどのようなものか体験したかったのだよ。人間も体験したことがないことはやってみたいと思うだろう？」

たしかにその通りだ。でも、多くの人が何かしらの理由をつけてやりたいことをしない。

「子供っぽい」とか「どうせ無理だし」とか……。そういうところが龍神たちにとっても歯がゆいんだろう。

「『この世は修行の場だ』と言うヤツがよくいるが、どうせ修行なら、いっそ楽しんだ方がよいではないか」

そう言って僕の顔を覗き込んでくる。

「でも『人間は前世の課題をクリアするために生まれて来る』って言いましたよね？　楽しんでばかりではダメな気もするし、なんか難しいです」

東京駅で下車をする。反抗するように僕が言うと、ガガは「あーあ」と大げさに嘆いた。

「タカや、おまえバカかね。だからいつまでもダメダメなのだよ」

「そりゃ悪かったですね」僕は下唇を突き出した。

そう、人生は複雑で難しい。

そして、東京駅の構内も複雑で難しい。

特にワカは方向音痴だから、それでもって勝手にどっか行っちゃうからけっこう困る、とは言わないでおく。

僕たちは八重洲口を目指した。道を間違えないように、確認しながら人ごみを縫って歩く。それにしても、東京はどうしてこんなに人が多いんだ。

「よく聞け。日々を精一杯楽しく生きれば、前世の課題をクリアすることにつながるのだ。そのための道を見失わぬよう守護霊が付いているのではないかね？」

「道を間違えないために？」

「さよう。よくあるだろ、いくら頑張っても失敗を繰り返したり、邪魔が入ったりするこているはず。

とが」

「はいはい」僕は即答する。そんな話はたくさん聞く。そして、八重洲口へはこっちで合っ

「そういう場合は守護霊など守ってくれている存在がストップをかけて、方向転換を促し

ている場合が多いがね。『このまま進めば怪我をするぞ』、『取り返しのつかないことにな

るぞ』、『止まれ、戻れ』、となね」

「なるほど。うまくいかないと腹を立てる人もいますが、それは逆に感謝すべきことなの

かもしれませんね」

僕は案内図を見上げながら、そしてワカがちゃんと付いて来ているかを確認しながら、

進んだ。

「あとは、『まだおまえには早い。慌てるな』という場合もあるがね。おまえたちもすぐ

にうまくいったわけではないだろう?」

たしかに僕たちも、すぐにうまくいったわけではなかった。東日本大震災で故郷気仙沼

の被害を目の当たりにした時、僕は選挙に立候補した。今の政治家にはまかせられないと

思い、政治や経済を学んだ。だけど全然うまくいかなかった。そのうち「これは自分の役

目と違うのでは？」という気持ちが芽生えた。そこで方向転換したおかげで、ガガと出会うことができた。日本の神様の素晴らしさに気付くことができたのである。

「考えてもみたまえ、あの頃にポンと成功していたら」

「きっと最悪だったわね。タカに政治家が務まるとは思えないし」

ワカはちゃんと付いて来ている、よしよし。

「失敗しても失敗しても、感謝を持って強く明るく生きる。そうすればちゃんと必要な場所に導いてくれるのだよ、神様は」

そう。どんな回り道になっても、最終的にその場所に着けばいいということだ。それに時には回り道が必要なことだってある。僕もそうだった。

やっとたどり着いた改札を抜けた。ほっ。

モダンな赤レンガ造りの駅舎が目に飛び込んできた。日本の首都東京の顔として長く愛されてきた建物だ。

東京駅から皇居へと続く行幸通りのイチョウも色づき始めている……。ん？

「ねえ、ここって丸の内口じゃない？」

「……だね……」

どうやら偉大なる龍神様も、八重洲口には導いてくれなかったようだ。
回り道が必要な時だってある。うん、そう思う。

まとめ

守護霊はいつもあなたの味方です。
間違った方向に行きそうになったり、
危ない目に遭いそうになった時には、
方向転換を促すために
足止めをさせることがあります。
そういう時は、一度立ち止まって
考えてみましょう。
「気が進まない」「無理にしたいわけじゃない」
という時は、
思い切ってやめる勇気も必要です。

宿命と運命の違い。自分の脚本ひとつで人生の物語は変えられる

八重洲口に回り、趣（おもむき）のある大きな橋を渡る。日本橋だ。日本橋といえば徳川家康が全国への道路交通網の起点とした、まさに日本の中心である。昔は自分の本籍地をこの日本橋とした人も多かったと聞く。ちなみに僕の祖父もその一人で、本籍地は「東京都中央区日本橋」だった。だが、そもそもうちのじいさん、日本橋に来たことがあったのだろうか？

「キミが好きな加賀恭一郎シリーズの舞台だね」

前を行くワカに話しかけると、妻は弾んだ顔で振り向いた。

「そうそう。ここでの名シーンがいっぱいあるのよ」

そう言うとガッシリとした橋の欄干（らんかん）に手をかけ、揺れる川面を眺めた。

東野圭吾さんの加賀恭一郎シリーズは僕も好きだ。「祈りの幕が下りる時」は公開初日に映画館に行ったほどだ。加賀恭一郎刑事を演じる阿部寛さんと、ミステリアスな舞台演出家を演じる松嶋菜々子さんの、手に汗握るやり取りがすごかった。

ガガが声をかけてきた。

「それにしても、おまえらは本当に芝居が好きなのだな」

芝居とは、なかなか粋な言い回しである。

「好きですねえ。映画に舞台にミュージカル。おもしろいドラマも、創作意欲を掻き立てます」

僕が言うと、ガガは我が意を得たりと話を始めた。

「ふうむ。まさに人間の生き方というのはその芝居と同じだがね」

「どういうことですか?」

これまた興味深い話である。僕が問うとガガは続けた。

「まず人間には『宿命』と『運命』がある。タカや、この違いがわかるかね?」

「たしか……」僕はガガに教えられたことを、記憶の箱から取り出した。

「宿命は変えられないが、運命は変えられると」

「さよう。宿命とは言わば舞台設定のようなものだがね。登場人物の設定は変えられんだろ?」

たしかに。主人公の父親役が突然、母親役に変わることはない。

「しかし、その芝居を悲劇にするか喜劇にするかは脚本や演出にかかっている。それが運命なのだよ」

「じゃ、私たちは脚本家か演出家になればいいわけね、自分の人生の」

「その通りさ。前世にやり残したことをするべく、魂が自ら選んで生まれて来た人生の舞台、それが宿命となる。これは変えることはできんがね」

しかし！　クワッと目をひん剥いて、ガガが語気を強めた。

「その芝居を演じる役者の立ち居振る舞いで、いくらでも芝居の内容を変えることはできる。今言ったように、まさに人間はその舞台の脚本家であり演出家なのさ」

「その人物のセリフひとつで話の内容が変わるように、自分の人生も自由に変えられる。ガガさんが伝えたいのはそういうことですね」

「そうなのだよ、自分で仕掛けた脚本で物語の内容を変えてしまえばいいがね。それが運命さ。人は誰でも、自分のやりたいことをできる楽しい舞台に変えられるのだ」

僕たちは皆、「人生」という舞台で活躍する登場人物である。

そしてその舞台を悲劇にするのか、痛快なドラマを描くかは僕たちの演出や脚本にかかっているというわけだ。

まとめ

人生という名の舞台のシナリオを
描くのは自分自身です。
悲劇にする必要はありません、
自分が成功する痛快な作品にすればいいのです。
大事なのは自分自身の意思。周りの人の目や
評価など気にせずに、自分のやりたいシナリオを
描き、それを信じて動いて生きる。
それが龍神も神様も守護霊も、
みんなが望んでいることです。
さあ、あなたのやりたいことは何ですか？

重い病気や大きな怪我に込められた魂からのメッセージを読み解く

僕たちが目的地に着くと、すでに待ち人（待たされ人だろうか）がいた。

「あ、来た来た！　ここだよー」

インスタントの女……、いや、りっちゃんは僕たちを見つけると、ブンブン手を振った。

「ごめんごめん。ちょっと打ち合わせが押しちゃってさ」

腕時計に目を落としつつ、僕は謝る。きっと出版社で打ち合わせをしてきた、デキる作家に見えていることだろう。ふふふ。

「タカが東京駅で迷子になっちゃったのよ」

え、ワカ！　それ、言っちゃう？

僕にだって面目（めんもく）があるというのに……まあ迷ったのは事実だけれども。僕の切ない胸の内など意にも介さず、これから味わう甘味を想像したのかレディたちのご機嫌は麗しい。

老舗フルーツパーラーの千疋屋（せんびきや）である。

2階へ上がり店内へ入ると、広いテーブルに案内される。ランチのピークを過ぎているためか意外と空いていて、ちょっとホッとした。

「やっぱりここに来たらプリンは食べなきゃね！　あ、でもフルーツサンドも捨てがたい」

「てか、さっきカステラ食べたばっかりだけど大丈夫？」

ランランと目を輝かせながら、メニューを覗き込む妻を見ながら聞く。

「大丈夫。そのためにこれ持ってきたから」

ニヤリと笑いつつバッグを漁る。手には胃薬があった。

結局、ワカは旬の果物がたっぷり盛られたプリンアラモード、りっちゃんはフルーツサンドを、そして僕はバナナチョコレートパフェを注文した。

僕はバナナチョコには目がないのだ。

「ところで今日、りっちゃんはなんで東京にいるんだっけ？」

「ん。友達のお見舞い」

僕の問いに、彼女はキュッと唇を結んだ。

「まあ、本人は平気な顔してるんだけど、病気ひとつしたことない子だから驚いちゃって。ちょっと心配でね」

そう言って長いため息を漏らし、バッグから何かを取り出した。

「チリン」と鈴が鳴る。

「あ、戸隠神社のお守りだね」

特徴ある水晶のお守りに気付き、僕は言う。

九頭龍宝珠御守は、五社ある戸隠神社の中で最も古い九頭龍社で授与される水晶に鈴の付いたお守りで、水晶を覗き込むと九頭龍神が描かれている。

「それ、青いより紐はりっちゃんが編んだの？」

ワカがお守りに付けてある、より紐を指差して聞いた。

「そう。彼女、昔からおっちょこちょいで、ストラップとかもひっかけてすぐ紐が切れちゃうの。だから簡単に切れないように、より紐を結い付けたの。彼女は赤が好きだから赤、私のは青」

そう言って、青いより紐が結び付けられたお守りを目線の高さまで上げて見せる。

友達への思いが伝わってくる。

「問題ないといいね」

「まーね。どうせ大丈夫なんだろうけどね」

りっちゃんは不安を払うように大きな声を出すと、お守りをバッグに戻し、運ばれてきたフルーツサンドを口に放り込んだ。そして、ふと思いついたようにワカに視線を向ける。

「ねえ、ワカさん。こういう体の不調とかって何か意味があったりするのかしら？　呪いとか、祟りとか。あの子の家ってすごい古い家系だから、ちょっと気になって」

「多くの場合は魂からのメッセージと考えてよろしいでしょう」

礼儀正しい口調でワカが答える。お、この口調は。

「黒龍です。ガガさんは東京のビル群を散策していますので、代わりに私がご説明させて頂きます」

そう言えばガガは「我は都会っ子の龍神なのだよ。東京は絡まって遊べる高層ビルがたくさんあって楽しいがね」と、そわそわしていた。てか、都会っ子の龍神って……。思わず笑ってしまう。りっちゃんもつられて笑顔になった。場の空気を和ませるのも、さすが偉大な龍神ガガのなせる業か？

「で、黒龍さん。魂からのメッセージってどういうこと？」

ワカが黒龍に問いかける。

「重い病気や体の不調にはすべて意味があるということです。『魂は成長するために再びこの世に生まれて来る』と言いましたよね」

「はい。前世でやり残したことをするために生まれて来ると」

僕はガガに教えられたことを復唱する。

「しかし、思うように成長できない人が多いのも事実です。そんな時、『こういうことをもっと学んでほしい』というメッセージを魂が送って来ます。それが病気や怪我など、体の不調として表れる場合が多いのです」

僕たちは黒龍の話に聞き入った。

「もう少し具体的に教えてもらえませんか？」

「例えば、仕事に打ち込むあまり自分の体を労わらない人には『自分の体を大事にするよう』という学びを。食べ物に気を使わずジャンクフードばかりの人には『体にいい食生活を心がけよ』という学びを。そして人からされたことに感謝できない人には看護を受けたりすることで『他人に対する感謝の心』を思い出させる。そういった学びを送って来るのです」

「じゃ、あの子にもそういう学びが必要だったってことー？　けっこう自分勝手だし、おまけにあんまり自分を大事にしてないかも」

りっちゃんが天を仰いだ。

「可能性は大いにあるでしょう。そして疾患の場所によっても意味は様々です」

「足の怪我とか、皮膚の疾患とか、それぞれ違うんですか？」

「はい。皮膚というのは外部からの刺激を受ける場所ですが、そこに疾患があるということは他人の言動や態度に対する判断が誤っていることを意味します。過剰に反応して相手を不快にさせたり、トラブルを起こしやすい。ですから、もっと大きな心になりなさいというサインだったりします」

「へー。そんな意味があったんだ」ワカが目を丸くして言った。

同じように口の疾患ならば、言動に気を付けましょう。

耳ならば、他人の声にもっと耳を傾けるように。

腕ならば、他人のためにできることがもっとあるはず。

そんな意味が込められているという。驚きである。

「じゃあ腰の疾患はなんですか？　僕、昔から腰痛持ちなんですが」

僕は恐る恐る聞いてみた。

「腰は人間の体を受け止めている場所です。そこに問題があるということは」

「あるということは……？」ゴクリ、早く言ってください。

「『言われたことに対する受け止め方を考えよ』、というサインです。怒りっぽい人に出やすい症状ですから」

淡々とした黒龍さんの言葉に、ワカとりっちゃんが笑いを堪えるように口元を押さえた。

僕は肩をすぼめる。気を付けます、はい……。

まとめ

心と体はつながっています。
心の状態が体の状態に表れ、
メッセージとして僕たちに伝えてくれます。
体に不調を感じた時は、自分に直すべきところが
あると考えるきっかけにするといいでしょう。
特に「神経」に関する症状の時は、
人の言葉や態度への受け止め方を
考えてほしいという場合が多いです。
人に寛容になることで、愛する力は一層強まり、
神様から愛されるようになります。

子供の不調は誰のせい？　その原因は意外なところにあるんです

「驚きだわ。まさか病気や怪我が、自分を見つめ直すきっかけになるなんて」

りっちゃんが唸った。

すると黒龍は優しく頷きながら、指を一本立てて話を続けた。

「ただし、例外もあります」

「え、どんな？」

「病気をしたのが小さな子供の場合です。その場合、親の方になんらかの原因が潜んでいる可能性があります」

ははぁ、と僕は呟いた。

「『親の因果が子に報い』って言いますからね。親のやった悪いことが子供に返ってきたということですね」

どうだ、とばかりに僕は胸を張る。面目躍如といったところか。しかし、

「そうではありません」黒龍は言下に否定した。えええ、違うの？

「タカさん、考えてもみてください。社会に出ると大人は仕事に地域、家庭にと様々なス

トレスに晒されます。その中で人間関係を円滑にするために直すべきところが生じてきます。しかし、小さな子供はどうでしょう？」

たしかに子供には煩わしい人間関係など普通はない。特に幼少期は親や親族くらいとしか接することがないだろうし。ん？　もしや。

「もしかして、親のストレスがそのまま子供に反映されるとか」

「その通り」ピンポン、正解ですと黒龍がニッコリした。

「子供に出やすい疾患の場合は、実は親へのメッセージということが多いのです。過度なストレスを溜め込んでいないか？　直すべきところはないか？　神様が子供を通して『気を付けて！』とメッセージを送ってくれていると受け取り、心のあり方を見つめ直すきっかけにするといいでしょう」

「子供の病気は親へのサイン、か」

そう呟いて、僕はもう一度黒龍に尋ねてみた。

「僕は昔からアレルギー性鼻炎がひどいんです。これも親に関係するとか？」

「子供の頃ならそうでしょう。鼻がよく詰まる、鼻水が出るというのは感情の出入りがうまくいってないサインです。周りの行動が癇に障ったり、自分の態度で周りを不快にさせている場合があります。しかし大人になれば、それはタカさん自身の責任ですよ。気を付けましょう」

「はい……」

どうやら今日の僕はこういう役回りらしい。

僕はますます背中を小さくして、残ったクリームをスプーンですくいあげた。他人の助言も、こうやってうまくすくいあげよう。人生はパフェのように、甘いだけではない。

まとめ

子供に表れる疾患は、親のストレスや行動に
直すべきところがある場合が多いです。
そんな時は、一度自分の行動を
振り返ってみるといいでしょう。
ストレスを溜め込んでいないか？
周りの人に嫌な思いをさせていないか？
そして子供にはニッコリと笑って接しましょう。
それだけで子供も、そして
自分自身も安心できます。

「親の因果が子に報い」の本当の意味。龍神が解説します

「ところで、さっきタカさんが言ったことだけど」

最後のフルーツサンドを摘み上げて、りっちゃんが口を開いた。

「『親の因果が子に報い』ってホントなのかしらね？」

親の因果が子に報い。「親のした悪業の報いが罪もない子に表れる」という意味で使われる言葉だ。日本では昔から悪いことがあると祟りとか呪いとか、その手の言葉がよく使われる。果して龍神の見解は？

「親が悪いことをしたから、世の中の法則として子供や血を引く人に必ず悪いことが起きるわけではありませんが……」

そう言うと黒龍は一旦言葉を切る。そして思慮深く言葉をつないだ。

「しかし、人間同士の怨恨が影響することはございます」

「人間同士の？　どういうことですか？」

僕は聞いた。

「神様が悪いことをした親の代わりに子供に罰を与えることはありません。しかし、親に

怨みを持った人間たちが霊となり、もしくは生き霊となり、その子供たちに襲いかかるケースがあるのは事実です」

「マ、マジで！」

「えーっ！　ヤダヤダ、そんなの怖い」

ワカとりっちゃんが、恐れおののく。僕もつられて、おののく。

「なんとか防ぐ方法はないんでしょうか？　そりゃ人に恨まれないことが一番なんでしょうけど」

僕は大した男じゃないから誰にも恨まれていないはずだ、きっと大丈夫。しかし黒龍は落ち着き払ってこう言った。

「どうぞ皆さん、ご安心ください。何のために私たちがいるのですか。それにこう考えてはいかがでしょうか。『親の因果で子が報われる』と」

あ。そこで僕は思い出した。ずっと昔の話だけれど。

僕の祖父は若い頃から海沿いの街で歯科医をしていた。ある時、二軒隣の店から出火があり、大きな火事になった。祖父の病院も半焼する被害にあった。

後日、その出火元の若夫婦が、苦労して集めたであろうお金を持って近所を謝罪して回ったそうだ。しかし、行く先々で「こんな金でごまかされるか！」「これっぽっちで足りると思っているのか」と怒鳴られ、追い返されたらしい。

で、最後に訪れたのが祖父のところだった。祖父はそのお金を受け取ると「この金は僕がもらったものだから好きにさせてもらうよ」と、奥の部屋へ引っ込んだ。しばらくして出て来ると、ポンと何かを置いた。

「はい、お見舞い」

祖父は受け取ったお金をのし袋に入れて、若夫婦の前に出したそうだ。

意味が分からず目を丸くしている二人に、祖父は言った。

「まだ若いのにこんなに集めるの大変だったべ。うちは機材は残ったし、なんとかなっから大丈夫だ。めげないで頑張んな」

それから半世紀が経った。祖父も20年前に他界した。そんな今でも僕の実家には、お中元とお歳暮は欠かさずに届いているという。今では気仙沼を離れ、遠い地で暮らしている二人の気持ちは今でも僕たちの元へ届いている。

その祖父が建てた建物は、あの大津波でもなんとか倒れずに多くの従業員の命を守ってくれた。

「そう言えば内部はぜーんぶ流されたのに、おじいちゃんの位牌だけは残ってたよね」

　ワカが言った。

　事実、すべての家財を波が流してしまった部屋の隅に、祖父の位牌だけが残されていた。泥の塊の中で、「ここだここだ」と主張していたらしい。さすが僕の祖父である。津波なんかに流されんぞ、という執念を感じる。

「うん、きっとじいちゃんに感謝するたくさんの人たちの気持ちが、流されないように守ってくれたのかもしれない」

　親の因果で子が報われる。人間、悪い方にばかり考えがちだけど、実はそれ以上に良い行いが返ってくることだってたくさんある。

　良かったこと、嬉しいこと、ありがたいこと。そういうことに目を向けて明るく生きる。それが災いや病気を吹き飛ばす最良の術じゃないか。

　店を出ると、もう夕方だった。東京とはいえ、秋の黄昏時(たそがれどき)は涼しい。レンガ色のビルの間を足早に行き交うサラリーマンの姿が、目に飛び込んでくる。こういう人たちが社会を動かしているのだな、と感じて僕はなんだか刺激を受ける。

　鞄を肩に掛け直して言った。

「よし、仙台に帰ろう。急いで今日の話をまとめたい」

せっかくためになる話を聞いたんだ。一刻も早く、原稿に載せたいと思うのが物書きの性（さが）である。

「私も同じ新幹線に変更する！　もっと話したいから、一緒に帰ろう」

りっちゃんが言った。積極的に希望を伝えるのは大事なことだ。それから、臨機応変に立ち回ることも。

ヴヴヴ、ヴヴヴ。ジャケットの内ポケットでスマホが震えた。

「あれ？　電話だ」

僕はスマホを取り出し、液晶画面を確認する。

まとめ

恨みの念は怖いもの。
だけど、人間にはそれ以上に
強いものがあります。
それが
「ありがとう」の心です。
その気持ちがあれば、どんな恨みの念だって
怖くありません。
祖父への「ありがとう」が、
僕たち家族を守ってくれたように。

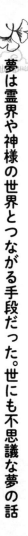

夢は霊界や神様の世界とつながる手段だった。世にも不思議な夢の話

「よ、待った？」

僕は身に付けていたボディバッグを外し、彼の向かいに腰を下ろした。

「悪いな、忙しいだろうに」

「大丈夫。ちょうど原稿もひと段落したところなんだ。それにアキラとは、ゆっくり話したかったし」

アキラから「会えない？」と電話があったのは三日前、東京は日本橋にいた時である。春にビュッフェレストランでたまたま再会し、連絡先を交換して以来だ。大人になってからはなかなか会う機会がなかったし、なんとなくだけど、いずれ会うタイミングが来る気がしていた。仙台駅近くのコーヒーショップ。街には色づいた街路樹の葉が落ち、まるで絨毯のように黄色く道を彩っていた。冬への準備万端というムードである。

「で、話ってなに？」

少し甘めのカフェラテが入ったカップを手で包む。温かくて気持ちがいい。

アキラはコーヒーを一口すすると僕の目をじっと見つめ、身を乗り出すようにしてゆっくりと口を開いた。

「実は……」

「なんだよ、改まって」

「俺、昔からタカのことが好きだったんだよな」

「………………」

まさかの告白。一瞬固まる僕……。

「あの、僕には妻がいるし、いやその前に男だし、なんていうか、いやあ困ったな」

僕、しどろもどろ。すると、

「ばーか、ちげえよ！　んなわけねーだろぉ」

アキラはあっけらかんと言い放つと、店に響き渡るほどの声で高らかに笑った。

「……そ、そんなこと言いに来たんなら帰るぞ、まったく」

僕は口を尖らせる。そもそもそんな話に引っかかんなよ、と自分に突っ込みたくなる。

「ははは、悪い悪い」と、アキラは手刀（てがたな）を切った。

「タカって今、龍神とか神様のこと書いてるじゃん」

「まあね」

僕はカフェラテに口を付けた。

「ちょっと聞きたいんだけどさ。よく夢で、神様とか死んだ人からのメッセージを受け取るって話あるだろ？」

「うん、あるね。前にガガからもそんな話を聞いたよ。例えば……」

僕はかつてガガに教えられたことを思い出した。

あれはガガが僕たちのもとへ現れて、少し経った時のことだ。

「タカや、なぜ人間は眠ると思うかね？」

「そりゃ休むためですよ。生き物は睡眠を取って体を休めることで、仕事の効率を上げますから」

僕はどんなに忙しい時でも必ず睡眠を取る派だ。その方が仕事の質も上がる。

「もちろんそれもあるがね。しかし、我々からすれば主な目的はふたつ。ひとつはおまえが言うように『肉体を休ませる』こと。そしてもうひとつが『肉体を離れた魂にメッセージを与える』こと、つまり夢を見せるためさ」

「ははあ、つまり寝ている間は魂と肉体が離れているんですか？」

その言葉にガガはニヤリとした。

「その通りだ。だから我々も人間にメッセージを伝えるのに眠っている時が一番都合が良いのだよ。時折、あまりにグースカピー寝ていて気付かんヤツもいるがな」

偉大なる龍神はギョロリとこちらを見やった。

「あ、僕のことですね。すみません」

僕はこめかみを掻いて肩をすくめる。実は僕はあまり夢を見ない。でも、この手の人はきっと多いと思う。ぐっすり眠っていて夢を見たことすら覚えていないような。しかし人は必ず夢を見るそうで、見ないのではなく単に忘れているだけらしい。僕はそのタイプなのだろう。

だけどガガの言うことはもっともな気がした。たしかに古事記でも神様からのメッセージ（ご神託）は夢の中で伝えられているからだ。

疫病の流行に悩んでいた第十代崇神天皇の夢に現れた大物主神は自らを祀れば国も安らかになるであろうことを伝え、御子が言葉を話さないことに悩んでいた第十一代垂仁天皇の夢に現れた神様は、出雲の神の神殿を綺麗に建て替えればいいことを教えた。すべて夢の中で。昔から日本人は神様と夢でメッセージをもらうことを知っていた。

それに、「死んだじいちゃんが夢枕に立って……」なんて話は今でもよく聞く話だ。

そんな過去を思い出しつつ、僕は率直にそれをアキラに伝えた。すると彼は、ふっと氷が解けたような笑みを浮かべて「そっか……」とうつむいた。組んだ手を額に付け、何かに祈るように押し黙った。静かに目を閉じる。

その後、僕が彼から聞いた話は、衝撃的なものだった。

七年前の東日本大震災でアキラは両親を失った。しかも遺体は見つからずに、彼自身も諦めかけていた。

そんなある日、彼の母親が夢に現れたのだそうだ。震災の年の夏だった。

子供の頃に住んでいた家の茶の間に座り、優しく微笑む母親の姿は今もはっきりと覚えているという。するとなんと、その翌日に母親の遺体が見つかったとの連絡が届いた。遺体安置所となっていた体育館に着くと、警察官にその中のひとつに案内された。見せられた写真に写るエプロンは間違いなく母親のものだった。そう、前日の夢の中で見た、母親が身に付けていたエプロンだった。

遺体は見せてもらえなかった。「どうしてだよ!?」とその場で警察官に喰ってかかったが、「申し訳ありません、申し訳ありません」と繰り返されるばかりで、最後まで見せてはもらえなかった。今にして思えば損傷がひどく、たぶん見せられる状態じゃなかったのだろう。だけどその時の彼は、相手のそんな配慮に気付かぬほどの精神状態だった。

「もしかしたら母ちゃんが、遺体を見ることができない代わりに最後に元気な姿を見せに来てくれたのかなって、そう思ったんだ。笑ってさ、『アキラ、ちゃんと見て。母ちゃんは大丈夫だから安心しな』そう言ってくれたのかなって」

母親の遺体は見つかったが、いまだに父親は見つからずにいた。だけど心の中ではもう整理がついていた。母親の遺体が見つかった時に、父親の葬儀も一緒に済ませたのだそうだ。

「それがいいだろうって思ったんだ。父ちゃんと母ちゃん、いつも一緒だったからさ」

そう言って、アキラは鼻をすすった。

それから数年が経ったある日、今度は父親の夢を見た。見慣れた海が見える庭で、父親は自分で作ったお気に入りの椅子に座り、静かに本を読んでいた。父親は本が大好きだったそうだ。ニコニコと笑って本を持つ手を上げると、また視線を本に落とした。まるで「俺は好きな本を読んで楽しく過ごしているから安心しろ」そう語りかけてくるようだったという。

父親の遺骨が見つかったのは、やはりその翌日だった。

「ああまただ、って思ったんだよな。もしかしたら本当に父ちゃんと母ちゃんが俺に会いに来てくれたんじゃないかな。いつまでも心配しないように『自分たちは楽しくやってるぞ』って伝えに来てくれたんじゃないかって」

顔を上げたアキラの目は真っ赤だった。こいつも、泣くんだ……。

「タカにそれを聞いてみたいと思ったんだ。もしかしたら気休めかもしれないけどさ、それだけで救われるっていうか、俺は心の整理ができたから……」

アキラは瞬(まばた)きをしながら、スッと天井を見上げた。涙が落ちないように。

「それはもう、間違いないよ。お父さんもお母さんも、優しい人だったもんな」

「うん」と、頷いたアキラは小さな子供みたいだった。

夢で救われている人は、きっとたくさんいるだろう。そして、それはとても優しいメッセージだと、僕はそう思った。

まとめ

気仙沼では震災後に多くの心霊現象と呼ばれる出来事を聞きました。もちろんそれがすべて「そういう現象」であるかはわかりません。もしかしたら「亡くなった身内に会いたい」という強い思いが、そう感じさせているだけの場合もあるでしょう。

だけど、それでその人が安心したなら。救われたなら。それで充分ではありませんか。

大事なのはそれが真実かどうかではなく、感じたことが事実だということです。

災害は本当に辛いもの。だけど人間が忘れているものも思い出させてくれる

ルルル……ロロロ……。

僕のスマホが着信を告げた。ワカからだ。

「はいはい。え、来るの？　うん……駅前のコーヒーショップ。店の名前？　えーっと」

辺りを見回し、ＤＯＵＴＯＲと書かれた標記を見つける。

「ドーター、って店」

するとアキラが顔を近づけて小声で、「ドトール」と言った。

「ど、ドトール。そうそう」ごまかす僕。

まったく英語表記は難しい。特に名称は。高校生の頃、大手飲料メーカーを「ディド」と読んだ記憶が蘇る。Ｄｙｄｏ＝ディド。繰り返す、英字表記は難しい。そう言えばあの時もアキラが訂正してくれたような気がする。

「妻が来るって。アキラと話してみたいんだと」

スマホを置き、僕が言った。店の名称間違いには触れずにおく。

「マジで！　そりゃ嬉しいな。じゃ、ガガさんも来てくれるのかな」

アキラが小さくはしゃぐ。言い間違えに触れないところは彼の優しさだ。ワイルドなように見えて、実は周りに気を配るところは昔から変わっていない。

しばらく昔話に花を咲かせていると、ワカがやって来た。

「あ、いたいた。先日はどうも。妻のワカです」

「タカの同級生のアキラです」

なぜか二人は固い握手を交わした。ちょっとこの二人は似てるかもしれない、と思う。

僕らは簡単に今日のいきさつを説明した。ワカはアキラの話に真剣に耳を傾ける。そして、早くもコーヒーのおかわりを僕に要求した……。

「サンキュー、タカ」

僕がワカの前にコーヒーを置くと、ニカっと笑う。小さなことでもお礼を言うのが彼女のいいところだ。

「アキラ、大変な思いしたんだな」

僕が言うと、アキラは手を左右に振った。

「いやいや。あの時もっと大変な人はいっぱいいたよ。タカの親父さんだって、検死をやり続けただろ？」

「だって僕の父は医者だから」

歯科医の父は震災時から数か月、毎日遺体の検死作業を続けていた。

「お医者さんや警察、自衛隊がめちゃくちゃ助けてくれた。その中でも、俺は本当にラッキーだったんだ」

飄々としたアキラの言葉に僕とワカは虚をつかれる。ラッキー？　震災で親も家も失った男の言葉とは思えない。

「たしかに両親は失ったけど、俺は生きている。周りには助けてくれる仲間がたくさんいたし。それだけでも俺は幸せだって、心底思ってるんだ」

僕たちはあっけにとられながら、アキラの話を聞いていた。


この世のものとも思えない大津波が町を襲ってから、どのくらいの時が流れただろう。所長の言った通り、海沿いだったにもかかわらず建物は倒壊を免れた。幸運だった。津波火災の火もここまでは及ばなかったことも幸いした。そう、津波火災。

激しい揺れと大津波に襲われた町の悲劇は、その後も続いた。沿岸沿いに設置されていた船舶用燃料の巨大タンクが倒壊し、重油が湾内に流出したのだ。通常、水面に広がった重油に火が着くことはない。それが常識とされてきた。ところがだ。壊れた家屋の木材が重油の上に突き出してろうそくの芯の役割を果たすという、特異な条件が揃ったことで大規模な火災が起き、気仙沼は激しい炎につつまれた。風向きからここまで火の手は及ばないだろうと考えたが、漆黒の闇の中で激しく燃え盛る炎に、恐怖で叫び出す同僚たちが続出した。

それから数日間はそこから動けなかった。孤立した建物の屋上で、体力が消耗しないように状況を見守った。備蓄してあった食料と毛布でなんとか昼夜をしのいだ。少しして、自衛隊による瓦礫（がれき）の除去でなんとか身動きが取れるようになり、自分の家へ向けて歩を進めた。車なら30分ほどの道のりだったが、道路も建物もあるべきものがなくなった今、方向感覚だけを頼りに進んだ。荒野を海水に膝まで浸かり、泥に足を取られながら必死に歩いた。どこからか流されてきた家が瓦礫となって積み上がっていた。一体自分は何をしているのか？　一体ここはどこなのか？　油と潮の入り混じったような臭いが鼻を突く。

ようやく自宅近くの体育館に辿り着いた時には陽が傾きかけていた。入り口に張り出されたリストが目に留まった。

「ここが避難所になっている人たちのリストだな」と直感し、最後の力を振り絞り駆け寄った。そこに自分の名前がある。すぐそばに両親の名前も見つけ、安堵した。

「よかった。ここにみんな避難してるんだ」そう思った。

親類や近所の人たちを見つけると、体の力が一気に抜けた。

「みんな無事だったんだな。よかった、ああ、よかった！」

そう叫んで駆け寄った時の、俺を見るみんなの目が今でも忘れられない。まるで、死んだ人間が生き返ったのを見るような、驚愕の顔だった。

「なあ、うちの父ちゃんと母ちゃんは？　名簿に名前があったからここにいんだろ？」

その言葉に皆が顔をこわばらせ、口を結んで視線を落とした。俺は意味が分からず近くにいた友人にもう一度聞いた。そして、絶句した。

あのリストは、死者行方不明者のリストだったのだ。

「だから、みんなは俺のことを死んだと思っていたのか」

幽霊が出たと思ったんだろう。でも、怒ることはできないよ。だってそういう状態だったんだから。でもそれで、会った瞬間のあの目の意味がようやく飲み込めた。

だけど……だけど……だったら父ちゃんと母ちゃんは……。

あんな元気だった父が、いつか熱海に旅行に行くんだ、と言っていた母が……。

目の前に真っ暗な闇が落ちて来た。


「……」

僕たちは、ただ黙って、話を聞いていた。すると、アキラはおもむろに顔を上げ、

「でも俺、そこであることに気付いたんだ」明るい声で言った。

「配給で豚汁が配られたんだよね。周りにいた親戚たちが、親切に俺に持って来てくれたんだけどさ」

「うん」

「手渡された豚汁を見つめて、『あれ、これどうやって食えばいいいんだ?』って思ったんだ。そこで初めて気付いた。『あ、俺いま箸の一本もないのか……』って」

「……」

「それに気付いた親戚のおばちゃんがさ、『あ、アキラお箸ないんだよね。急いで食べたら私の割りばし貸してあげるから』って言って割りばしを貸してくれたんだけど。そこで痛感した。割りばしだぜ、割りばし一本なかったんだ。あって当たり前だと思っていたも

のが今の俺には何ひとつないんだって」

家に帰ってスイッチを入れれば電気が点くのが当たり前。冷蔵庫を開ければ食べものがあるのが当たり前。暖かい布団があるのが当たり前。そして親が生きているのも……当たり前。そう、すべて当たり前だと思っていた。

「だからさ」アキラは頭を掻きながら、

「あの時すべてが愛おしくなって、変な気持ちになって、泣けたんだ。なんていうか、目に入るものがすべて愛おしくて泣けた」

すげえ。僕はもう何も言えなかった。震災で家や親を失ったアキラはどんなに辛かっただろうと思っていた。可哀そうだなと思っていた。それでも明るく振る舞うアキラは偉いなと思っていた。だけど、それは僕の思い上がりだ。

どんな辛い状況でも周りに笑顔で接し、明るく振る舞う。それは決して、無理してやっているわけではないのだ。大切なものを失ったからこそ「今あるもの」に感謝している。周りにあるもの、いてくれる人。そのすべてが当たり前のことじゃないと、アキラは心から知っている。

だから本当に「ありがとう」って思ってる。その気持ちが彼を自然と明るく、強く、笑顔にさせている。アキラの笑顔はまさに心の内から咲く自然な咲いだったんだ。

「おはよーだがね！」

ここで今まで黙っていたガガの声が響いた。というか、いきなり朝の挨拶ですか？

「ってか、今は昼間だから『こんにちは』でしょ！」

ワカがぴしゃりと言い放つ。笑いが起き、場がパッと明るくなった。これもガガの力だろうか。

「いやー、ガガさんお久しぶりです。俺、アキラです」

アキラがはしゃいだ声を上げる。

「ガガさんとお話できるなんて、すっげー嬉しいんだけど」

アキラの反応に気をよくしたのか、ガガもご満悦に「アロハの男よ。まあ、我はそれはどでもあるのだよ！」とわけのわからない返しをしている。

もちろん、肌寒さを感じ始めたこの季節にアロハシャツなど着てはいないが、ガガの中では「アロハの男」で定着しているようだ。

そしてガガは、僕たちにゆっくりと話し始めた。

「災害というのは実に恐ろしいものだ」

僕たちは静かに頷く。

「しかし、山も海も川も大地も、すべて生きている。だから呼吸もすれば屁もするがね」

「屁って……」さすがはガガ。独特の言い回しは、説得力が半端ない。

「それでも地球は、山も海も川も皆、人間が傷つかぬように踏ん張っている。それを神様も支えているのだよ。それが山の神、海の神などと日本人が呼んでいる神様だ。そうやって皆が踏ん張ってお互いが傷つかぬようにバランスを取ろうとしている」

地球もひとつの生命体なのだ。その生命体に「動くな」、と言う方が無理な話である。だから皆がお互いが傷つかないように気遣って生きる必要があるということだろう。

「もちろん我々だって人間が傷つくのは本意ではない。悲しいがね。それでもひとつだけ良いこともあってだな」

「良いこと？　一体それは」僕は身を乗り出して聞き返す。

「大事なことに気付く、きっかけになることだがね」

人間は安心すると努力を怠ってしまう生き物だ。何があるかわからないからこそ、備えをする。その結果、平穏な生活を送れるのだ。

ところが平穏な日常が続くと、それが当たり前だと思ってしまう。実際に中国などでは日本のように頻繁に地震などの災害があるわけではないためか、災害に対する危機意識が低いという。だから、もし地震が起きた時にどのように行動したらいいかという知識もなく、建築物への対策もされていない。

それに対して日本では、度重なる災害で国民の防災の意識が高く、子供の頃から学校でも避難訓練を定期的に実施してきた。それが防災への意識へとつながった。

つまり日本では「安心」「安全」とは与えられるものではなく、自ら作り出すものだという意識が根強くあるのだ。

だからこそ「平穏な日常」にすら感謝の気持ちが芽生える。それが日本人の心を育んできたのだ。災害の多さが、結果的に防災への備えとなり日本人を守ってきたと言ってもいいかもしれない。皮肉なものだけれど……。

「もちろん神様も龍神も、それを思い出させるために災害を起こすようなことは決してせんがね。ただ、そういうこともあると覚えておくといい」

「人は与えられすぎると、当たり前だと思ってしまう。感謝の心を忘れた人間には龍神様も付けませんものね」

僕が言うとガガが

「そうなのだ。だから我はタカに与えすぎていると思ったのだよ。我はもっと感謝されるべきだがね」

「いやいや。めちゃくちゃ感謝してますってば」

僕は慌ててガガに向けて両手を広げる。

「ガガさん。いつもありがとうございます。感謝しています！」両手を唇に当てて、投げキッスをサービスする。

「やめるがねっ！　気持ち悪いがね！」ガガが慌てふためいた。

賑やかに笑い声を上げる僕たちを、黒い龍神がジッと見つめていた。

「さて、この出会いをこれからどのように演出しましょうか」

トレードマークのメガネを中指でクイッと押し上げ、彼はそう呟いた。

まとめ

「天災は忘れた頃にやって来る」これは科学者で
随筆家でもある寺田寅彦先生が、防災科学を
説く時に使っていた言葉と言われています。
もしかすると、この「忘れる」に込められた
本当の意味は「平穏な日常への感謝の気持ちを
忘れる」ということではないでしょうか。

当たり前のことを当たり前と思わない。
感謝の気持ちをもって生きる。
そういう気持ちが自分自身の心にも
幸せをもたらしてくれるのです。

私は、
他人のことを気にしてばかり。
特に夫のワガママには
できるだけ応えてきたつもり。
だけど……
私自身は何がしたいんだろう？

第4章

運命は今日から変えられる

人生好転の実感編

冬

その高さは、高層ビルに匹敵するだろうか。

古代の日本。

出雲国に鎮座する巨大な神殿が見える。

そこに佇む一柱の神様が、

人々を見下ろしながら思案の表情を浮かべている。

「人間が頼ってくれるのはいいが、私たちには肉体がない。だから直接手助けをすることはできん」

どうしたものか……

また、ため息が漏れる。

すると、そこに真っ黒い神の使いが静かに進み出る。

「私に考えがあります」

神様はその声の方向に視線を向ける。

そして安心したように頬を緩めた。

「黒龍か、申してみよ」

「人間自身にその役目を担わせるというのは、いかがでしょう？」

「ほう？　どういうことが説明しておくれ」

黒龍はゆっくりと頷き、説明を始める。

「その願いを叶えるのに相応しい人間同士を巡り合わせ、『縁』をつないでやるのです」

「ほほう？　人間に私たち神の代わりを担わせるというわけか」

神様は顎に蓄えた髭をさすりながら聞き返す。

「仰せの通りです。つまり、人間は魂でつながっている者がたくさんいます。そういう人間を巡り合わせることで、願いを叶えさせるのです」

「なるほど。お互いを助け合わせるわけだな」

「縁」をつなぐことで人間に「運」をもたらそうとはおもしろい。

神様は「ほっほっほ」と笑い、少しいたずらっぽい表情で穏やかに言った。

「おもしろい。ではその役目、おぬしら龍神にまかせようぞ」

その声が、澄み渡る空に響いた。

好きなことがいっぱいあれば人生は充実する。さて、なぜか？

――アキラ

ひと月前、タカと会った後から俺は学生の就職支援のアドバイザーの仕事に積極的に取り組むようになった。もともと知り合いから頼まれたのがきっかけで、「若い人の力になれるなら」という軽い気持ちで始めたことだったが、ガガさんの話を聞いて気付いた。

実は、俺の方が学生たちから元気をもらってたんじゃないかって。震災で弱くなった心を支えてもらってたのは実は俺の方だった。感謝の気持ちが芽生えた。そして、若い人の力に「なってあげる」ではなく「なりたい」と思ったのだ。

それから俺は、学生たちの話を一層よく聞くようにした。一人一人の悩み、不安、そして希望。自分たちの時代とはまた違うテーマが、そこに転がっていた。それらをひとつひとつ拾い上げ、相手を知ることで不思議なことに距離感がグッと縮まった。

それから自分の経験をもとに、様々なアドバイスをした。学生たちも徐々に俺に心を許し、信じて頼ってくれるようになった。嬉しかった。

そして、もうひとつ。

「アキラさん、おかげで面接がうまくいきました！　ありがとうございます」

弾けるような学生の顔を見た時に、初めて湧いた感情があった。そうか、俺はこの笑顔を見たかったんだな。喜んでもらえると、幸せなんだ。

俺は早速、そのことをタカに電話で伝えた。

「よかった。アキラは昔から人を喜ばせるのが好きだったもんな」

と言うタカの言葉も嬉しかった。すると、なにやら電話口が騒がしい。

「どうした？」

「あ、なんかガガが言いたいことがあるらしい」

そう言うと、通話口からの声がワカさんに代わった。

「『そうなのだよ。好きなことがあると人生は充実するがね』ですって」

「好きなこと……、ですか？」

いまいち意味が呑み込めずに俺は問い返した。

「人間は大事なことをする時には『集中しろ』と言うだろう？」

「はい。中に集める、と書くくらいだし」

すると、

「そうなのだよ、アロハの男！　おぬしはよくわかっているがね！」

とデカい声がして、俺は思わずスマホを耳から遠ざけた。ガガさんはけっこうアツい。

「そもそも嫌なことに集中はできん」

ハッとする。俺も学校の勉強には集中できなかった。つまり授業が嫌だったのだ。それと同時に柔道部時代のキツい練習を思い出した。たしかにハードだったが「ならばどうしてあんなに集中できていたのか？」という疑問が湧く。そんな気持ちを知ってか知らずか、通話口からガガさんの話は続いた。

「だが、好きなことならどうかね？　自然と集中できるだろう？」

その通りだ。

電話の向こうでガガさんがニヤリと笑う、そんな空気を感じた。

つまり、「好きなことがある」人は夢中になれる、集中できる機会が多いということだろう。集中する機会が多ければ、自ずと集中力は増していく。

素直に納得する。

タカの言うように、俺は人を喜ばせるのが好きだ。それはガキの頃から変わらない。柔道で勝つことで親や友人、先生みんなが喜んでくれるのが嬉しかった。自分がしたことで、相手が喜んでくれることが好きなのだ。その「好き」のために俺は練習していたんだろう。キツい練習よりも、負けてみんなをガッカリさせる方が嫌だった。なにより自分自身も負けるのが大嫌いだ。だから「好き」のために練習にも集中できた。

「ガガさん、ありがとう。理解したよ。好きなことがあれば集中力もついて、人生もうまく回り始めるというわけですね」

「さよう。人生を充実させたければ、自分で好きなことを見つけるしかないのさ」

電話を切り、ふと周りを見渡した。あれ？　どうやら話に夢中になり、いつのまにか一本違う道に入ってしまったようだ。

「バカだな、俺。まあ、いいか」と自分に言い聞かせていると、どこからか香ばしく甘い香りが漂ってきた。見回すと道路の向こう側に洒落た店があり、長い行列ができている。

「へえ、なんの店だろう？」

ケーキとかアイスクリームとか、きっと女性が好みそうなもののような気がする。

「興味があったらやってみる」、これもタカの本に書いてあったことだ。

ふと、「ちょっと並んでみようか」と思った。信号を渡り、行列の最後尾に並ぶ。なんだか場違いで恥ずかしいけど、こういうお洒落(しゃれ)な店に並ぶのも実は前からやってみたいことのひとつだった。ところで、本当にここは何の店だ？

「すみません。皆さん、何を目的に並んでるんですか？」

俺は前の女性に声をかけた。

その後、行儀よく列に並んで俺は話題の商品を買った。手渡された紙袋から漂う甘い香りが鼻孔をくすぐる。紙袋を丁寧にスポーツバッグに入れて肩に掛け直すと、カンカンカンっと鉄の階段を上がる。明るく開けた通路を進み、扉の前でＩＤカードをかざすとガチャリとロックが外れた。中に入ると、真新しいトレーニング機器が並んでいる。ガラス張りの大きな窓に沿って設置されたランニングマシーン。誰かの呼吸やマシーンが動く音、そして汗を拭く人たち。

先日、歩いていた時にたまたま見つけたスポーツジム。かつて柔道で鍛えた頃を思い出して、久しぶりに身体を鍛えてみようかなと思い、入会したのは10日ほど前のことだ。

「こんにちは」

「こんにちは。今日は早いですね」

インストラクターと笑顔で挨拶を交わす。こういうやりとりも、部活に励んでいた昔を思い出していい。

じっくりとストレッチを行うと早速、筋トレを始める。最近のトレーニング機器は筋肉部位別にしっかりと説明書きが添えられ、余計な動きをしないように安全まで考慮されている。

「時代は進化してるんだな」と、思わず呟く。

気持ちがよかった。

身体を動かすことや鍛えることが好きだったのに、それを日々の忙しさの中で綺麗さっぱり忘れていた。偶然訪れたこの場所で、再び好きなことを身体で感じることができる機会がもらえた。

1時間ほど筋トレを行うと、ランニングマシーンに乗る。筋トレをすると基礎代謝が高まり運動していないときにも脂肪分解を高めるが、その後に有酸素運動をすることで脂肪燃焼効率の促進につながるという。

俺はステップを踏むように速度を上げていく。タンタンタンタンタン、と軽快に。

隣のマシーンに乗った男がチラリとこちらの操作画面に視線を向ける。自分の操作画面に手を伸ばすのを、目の端で捉える。あからさまに隣の速度が上がっていく。いるんだよな。こんなふうに妙に張り合おうとするヤツ……。

やれやれ、と心の中で首を振りながらも、

「そういうの嫌いじゃないよ」

と、自分の操作画面に再び手を伸ばした。負けず嫌いは俺も同じだ。

足元のベルトが一気に速度を上げて回転を始める。それを軽快に蹴り、汗を流す。まだまだ余裕だよ、という表情は崩さない。

隣の操作画面に再び手が伸びるのを、目の端で捉えた。

まとめ

集中して仕事をする。勉強をする。
良い結果を出すために「集中しなさい」
とは、よく聞く言葉です。人は好きなことには
自然と集中し、夢中になれるものです。
集中力をつけたければ、好きなことをたくさん
増やしましょう。好きなことをすればするほど、
集中力も強くなって、仕事にも勉強にも
良い影響がもたらされます。
そうすることで魂が喜び、
人生はどんどん好転していきます。

え？ ほんと？ 人生を好転させる人はマイナス思考で○○な人
――かのん

不安に耐えられずにワカさんに泣きついたのは、二週間前のことだった。

「アタシ、去年の授業参観で大失敗しちゃって。今年もその日が迫っていると思うと、不安で不安で。ワカさんに言ったところでどうしようもないんだけどさ」

去年の授業参観で私は大きなミスを犯した。それを思い出すと「また失敗したらどうしよう」と、マイナス思考で夜も眠れなくなってしまったのだ。

「かのんさんも不安になることあるんだね。いつも元気だから、そんなことない人だと思ってた」

「ちょっとタカ、何言ってんのよ。彼女みたいな人はいつも周りのために笑ってるの。そういう人ほど内面は怖がりだったりするわけ」

タカさんがなんのきなしに言った言葉に、ワカさんが強く反発した。

すると、

「おまえらに教えてやろう。マイナス思考、これは時に人生を好転させるスパイスでもあることをな」

唐突にガガさんの声が降ってきた。

「は？　マイナス思考が？　なんでよ？」

ワカさんがいら立ったように聞き返す。ちょっと怖いかも。

「最近の人間は『成功した姿を思い浮かべろ』とか言うだろ？」

「言うわね。最近流行っている引き寄せの法則なんかも、その類いでしょ？」

「さよう。それは神様に対しても同じなのだよ。そのイメージを持つことで神様にも伝わりやすくなるのだ。『ああ、こいつはそういう成功をしたいのだな』と」

「じゃあ、アタシはダメかも。マイナス思考で、いつも失敗した場面ばかりを思い浮かべちゃうもん」

泣き出しそうな声で私が言うと、ガガさんの口からビックリする内容が飛び出した。

「実はマイナス思考のヤツの方が、うまくいくのだよ」

「え、嘘？　どういうことですか？」私は目を丸くして聞き返す。ワカさんの仲介でガガさんが続けた。

「『失敗するかもしれない』に対して、いかに準備をできるかが大きな成功のカギになるのだ。それぞれの失敗ケースに対して改善策を講じる。その結果、『これだけやったんだから大丈夫』と腹をくくれる。そこで初めて、心の底から成功する姿を思い浮かべることができるのだよ。こいつらだって失敗だらけさ」

「タカさんとワカさんが、失敗だらけ……」単純に驚く。そんなこと考えもしなかった。

「そして動かなければ心配の種は決して消えないがね。不安を消したければ、誰もいない教室で練習したまえ。同僚にも相談するといいだろう。まだできることがあるはずだ」

もう二週間しかない。いや、違う。まだ二週間もある！　そして、自分の失敗だけ考えてるのが、途端に恥ずかしくなった。子供たちが、お父さんお母さんにいいところを見せようと張り切っているのに、私は自分の体裁ばかり気にしていた。

みんながよかったと思える授業参観日にしたい。いや、しよう！

吹っ切れた。みんなに相談してよかった。私はその日までベストを尽くすと決めた。

そしてすぐに動いた。

人生を好転させる人はマイナス思考で臆病な人。でも、それに対して準備ができる人。

去年の失敗はなぜ起こったかを、徹底的に分析した。

自分の都合で考えるのを改め、生徒や父兄が何を望んでいるかを考えた。
そして、「自分の子供が学校で元気に楽しく過ごしている」という安心が、父兄にとって大事なことだと気が付いた。この授業参観の一番の目的だと思った。

そうして挑んだ、授業参観。結果は満足できるものだった。

生徒もみんな自信を持って賑やかに授業ができ、お父さんお母さんにも満足してもらうことができた。願いが叶ったのだ。

昇降口から外に出ると、いがぐり頭の男の子が野球帽を片手に駆け寄って来るのが見える。うちのクラスの子だ。

「せんせー！　せんせー！」

「なあに？　どうしたのかな」腰をかがめて声をかける。

ぐへへーーーー、と顔全体を崩して笑うと、そのまま走って去っていく。基本、子供たちの行動に真意を求めてはいけないし、オチもない。思わぬ足止めをさせられたが、こんなことは日常茶飯事だ。思わず笑みが漏れる。

私は駅へ向けて足を踏み出した。私の家は地下鉄で泉方面へ四駅のところにある。

駅の階段を下り、定期券として使っているスマホをかざし改札を抜けた。

泉方面行の発車を告げるアナウンスが聞こえる。「タイミング悪かったか」と呟きつつ、スマホをバッグに戻すと、何かが指に触れた。

「あれ？」

取り出してみると小さなタウン冊子だった。開いたページには、美味しそうなパン。

同僚の先生から「このお店のクリームパン、すっごく美味しいのよ」と教えられたのを思い出した。店舗情報を見ると私の家とは逆方向の、地下鉄で三駅のところにあるらしい。

食べたい。クリームパンは私の大好物だもの。

次の登山に向けて体力作りとダイエットを決意したばかりだけど、今日はまあいいや。

自分へのご褒美、買いに行っちゃえ！

逆方向の地下鉄に乗るべく回れ右をすると、タイミングよく大きな車体がホームに滑り込んできた。ほら、やっぱり行けってことよ♪

授業参観はうまくいったし、今の自分はいい感じだ。すごくノッている。幸せな気分で地下鉄に乗り込み、冊子の他のページにも目を通す。市内のお店の情報がたくさん載っていて退屈しない。最近できたスポーツジムも掲載されている。

まとめ

臆病な人ほどたくさんの失敗例を想像し、
対策を立てることができます。
そして「やれることはすべてやった。
あとの結果は自ずと出る」と、腹をくくって
行動できる人が成功者となれるのです。
成功者になるためには、
時には臆病であることも必要です。
そして、一歩行動する勇気を持つ。
そうやって、成功の記憶を
魂に刻み込んでいきましょう。

自分で決めよう。もう、無責任な意見に振り回されない

「タカ、早く行くわよ！」

玄関からワカの声が飛んでくる。

「ちょっと待ってったら。あ、替えのシャツ忘れた」

バタバタと部屋を走り回る僕。

「まったくもう、思い立ったら早いんだから……」と、買ったばかりのシャツをクローゼットから引っ張り出して呟いた。

先日、ワカが散歩中に馴染みの美容院の前を通りかかると、見慣れたママチャリを見つけた。ガラス張りの店の中を覗き込むと、お母さんがいたらしい。

「お母さん、今日予約入れてたんだ？」

「あーら、ワカ」

母は雑誌から視線を上げると、鏡越しに目を合わせた。

その帰り道、母の自転車を押しながら二人で歩いていると、ぽつりと雨粒が当たった。

「え、にわか雨？　天気予報では晴れだったのに！」と顔をしかめて空を見上げると、道路の向こう側の派手な看板が目に飛び込んで来た。

「おやま、こんなとこにスポーツジムがあるじゃない。ワカ、あんたジム探してたわよね。ここいいんじゃないの？」

母が指差した先には、できたばかりと思われるスポーツジムがあった。いつもの通り道なのに気が付かなかったそうだ。それが二日前の出来事である。


「オッケー。さ、行こうか」

そう言って僕はエレベーターに乗り込む。が、

「あ、腕時計忘れた！」

弾かれるように玄関に戻る。ワカが大きくため息をついた。

ジムへは地下鉄で二駅ほどだ。駅に向かう道で僕が口を開いた。

「しかしキミは決断すると早いよね。『ジムに通おう』って言い始めたのはけっこう前なのに、なかなか行動に移さないから行きたくないのかと思ってた」

「仕方ないじゃない。マッチするところがなかったんだから」と、飄々と言う。

するとそれに反応するかのように、ガガが口を開いた。

「それが大事だがね」

「え？　決めなかったことがですか？」と聞き返す。

「この場合はだな。決断力がなかったのではなく、最適なジムがないため『行かない』という決断をしていただけだがね」

「行かない決断〜？」なんだよ、そりゃ。

「タカや。おまえの相棒は決める時は早いよな」

「ええ。今回も突然『あのジムに決めたからすぐ行こう』ってなりました」

僕は苦笑いを浮かべる。おかげで僕の方の準備が間に合わずに、慌てた。

「それはこいつにとって最も大事なこと、『飽きっぽい自分が続けられる環境でなければならない』と、わかっていたからだ」

な、なるほど。

「人間は何かを決断する時に悩む。長く悩めば悩むほど、幸せを感じる時間は少なくなっていく。これは実にもったいないと思わんかね？　ここで大事なのは、いかに的確に素早く決断して行動に移せるかなのだよ」

「的確に、素早く……。なんか難しいですね、うまいコツはありませんか？」

わからない時は聞いてみる。これも龍神の教えである。

「よかろう。では、想像したまえ。おまえが山に登っているとするがね」

「はい」僕は山登りしている自分を想像した。

「すると天候が悪くなってきた。嵐になるかもしれん。そこで選択が必要となる。A町に下るルート。B町に下るルート。その時、おまえは何を基準に判断するかね？」

僕は腕を組む。その場合はやはり……、

「『身の安全』です。一番早く身の安全を確保できるルートを選びます」

「正解さ。実は簡単なようでこれができんヤツが意外と多い。悩むヤツは『A町はいいホテルがない』とか『B町はうまいメシ屋がない』とか、この際どうでもいいことで悩みだす。そしてそういうヤツほど、他人の意見に振り回されて後悔する」

その瞬間、何人かの顔が頭をよぎった。いつも決められず悩む人が僕の周りにもいたし、今もいる。そのタイプは、いつも他人の意見ばかりを聞いてはまた悩み出す。そりゃそうだ、人に聞けば聞くほど意見は増え、惑わされるんだから。

「だから『自分にとっての基準を持っていることが大事』というわけですね」

「多くの場合は、自分の身体や心、そして愛するパートナー、家族や友人など大事なものにどんな影響があるかを考える。そんな基準を持つとよいだろう」

僕はガガの言葉に大きく頷く。

「じゃあ、キミが『自分が続けられて身体の健康を維持する』という基準を明確にしたおかげで、一番マッチしたいいジムに行けるわけだね」

改札を通りながらワカに言うと、

「その通りなのだよ。私にはそれがわかっていたのだよ」

ガガの口調を真似て言ったので、思わず笑ってしまった。

ホームに下りるとちょうど地下鉄が出発したところだった。忘れ物をした分遅れたな、と思いつつ「ま、次を待てばいいよ。急いでるわけじゃないしね」とごまかすようにワカに声をかけた。

まとめ

魂にとって、人間として生きている時間は限られています。その限られた時間を有効に使う一番のコツが「無駄な時間を減らす」こと。そして無駄の代表が、悩んでいる時間です。自分の基準を持ち、素早く決断するだけで、幸せを増やすことができます。なにより、悩んで行動しないでいると何かが起きる確率はゼロですが、決断して行動すれば必ず何かが起きます。それが失敗でも成功でも、次のドラマにつながるのは間違いありません。

タイミングを愛せよ。龍神は時を操り人間の願いをサポートする

僕たちがホームで待っていると、ほどなくして次の電車がホームに滑り込んで来た。プシュッとドアが開くと、僕は見慣れた顔を見つけた。

「かのんさん」

僕が言うとワカも「ホントだ！」と、驚く。

「あ、タカさん。え、ワカさんも？　すごい偶然」

かのんさんが目を丸くして言うと、僕たちの手元に目をやって、

「それ、スポーツバッグ？　ってことは……」

「これからジムに行くのよ」

ワカがバックを掲げた。

「そういえば、かのんさんの勤めてる小学校ってこの近くだったよね。でも帰りの方向、逆じゃない？」

僕が言うと、ワカがかのんさんの手元の冊子に気付き、「あ、もしかして！」と、声のトーンを上げた。

「わかった！　そろそろ登山のためのトレーニング始めるって言ってたもんね。ひょっとして同じジムとか？」

そう言って、冊子を奪い取る。開かれたページにはスポーツジムの広告が出ていた。

「そ、そうなの。あの、スポーツジムってどんなところか興味があって。私も見学に行ってみようかなー、なんて」

たしかに彼女は数日前に、僕とワカの前でダイエットとトレーニングを宣言していた。しかし、なんだか慌てているのは気のせいだろうか。

「やっぱり！　じゃあ一緒に行こうよ。同じ車両で会うなんてすごいタイミングじゃない？」ワカが、パチンと指を鳴らした。

そして僕たちは、三人でスポーツジムへ向かった。

カンカンカンと階段を上がって、明るい通路を進むと、入り口の扉がある。ここは24時間、自由に使えてとても便利なジムだ。僕みたいな仕事の人間にとって、時間に縛られないというのはありがたい。中に入ると、数々の真新しいトレーニング機器が並んでいる。ガラス張りの大きな窓に沿ってランニングマシーンがズラッと並んでいた。

「オープンでいい雰囲気だね」

僕の言葉にワカも「うん、いいね」と頷く。ワクワクしているのがこちらにも伝わってくる。誰でも初めて経験することは、ドキドキワクワクするものだ。

僕たちは入会手続きを済ませると、オリエンテーションで注意事項と機器の説明を受けた。そして、早々にトレーニングを開始する。かのんさんは今日は本当に見学だけのつもりだったのだろう。ウェアも持って来てないようで、機材などを眺めて回っている。

僕は並んでいるランニングマシーンを試してみることにした。日頃から広瀬川沿いをジョギングしているから脚力にはちょっと自信がある。操作画面のスタートボタンを押すと、ウィーンと、足元のベルトが回転を始めた。それに合わせてゆっくりと足を動かす。

真横の鏡に映る自分のフォームを確認し、軽快に走る自分の姿に酔いしれていると、隣のランニングマシーンに誰かが乗る気配がした。はっきりはわからずとも、体格のよさそうな男なのは間違いない。タッタッタッタ。

「むっ」

明らかに僕よりも早い速度だ。背筋を伸ばし、フォームを乱すことなくベルトを蹴り、一定のリズムを刻んでいる。

僕の対抗意識に火が付いた。負けじと自分のマシーンの速度を上げる。想像以上の速度でベルトが回転を始めるが、それに合わせて必死に足を動かす。だが、表情は余裕を保つ。息が荒くなるのを抑えながらも、バタバタと靴音だけがうるさい。

するとと隣のマシーンの速度がまたひとつ上がった。マジかっ。

ベルトの速度に身体が徐々に後ろに下がるのを必死に堪えつつ、またひとつ速度を上げる。

「これは負けられん戦いだ」、必死の形相で身体を前に進めようともがく。だがしかし、これまでか。力尽きた僕の身体は、ベルトの動きに押されるように後方へ流れていく。

落下する寸前に「ストップ」のボタンを押そうと手を伸ばすが、その手が宙を切ること数回。「ぐっ」伸ばした手が操作ボタンを捉えると同時にマシーンから落ちるように飛び降りた。そして何事もなかったように汗を拭うと「ふう」と息を吐く。本当はまだまだいけるんだけどな、今日はまあ初めてだから、うん。そう心で強がって、心底疲れたと思っていると、ポンと肩を叩かれた。

「なんか妙に張り合ってくるヤツいるなあ、と思ったらタカじゃん」

振り向くとランニングマシーンから降りた男が、白い歯を見せて笑っていた。

「へ、アキラ?」

予想しない展開に、なんともマヌケな声が漏れる。

「え、アキラさん？　わおー、またまたすごい偶然」

ワカが近くまでやってくる。かのんさんもそれに続く。


実はこの時、上空では……。

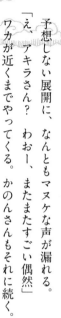

「ガガさん、うまくいきましたね」

暗くなった空にプカプカ浮遊しながら、黒龍がホッとしたように言った。

「やれやれ、よかったがね。まったく世話の焼けるヤツらなのだよ」

汗を拭う仕草をしながら、龍神ガガが息を吐く。

ここで時間を少しだけ遡ることにする。

「自分が付いている人間の望みを叶えてあげたい」

ガガと黒龍のもとにそんな相談があったのは、一週間ほど前のことだった。その龍神は、かのんに付いている龍神である。

それを聞いたガガと黒龍は相談し、早速鶴の一声ならぬ、ガガの一声で龍神会議を招集して議論を深めた。とはいえ、そこは神のなせる業、人間たちからすればこの会議も一瞬の出来事だったに違いない。

まずそれぞれの龍神たちが、評判の店を教えられるよう仕向けたり、偶然ジムを見つけるように仕向けたり、なかなか気付かないヤツには母親を誘導したりして、小さな出会いのきっかけを作った。それぞれの人間たちの願いが叶うように……。

そして当日。

「よし、なかなか順調ではないか。このまま進めば予定通りだがね」

ガガは、それぞれの人間たちの動きを満足そうに眺めていた。

「ええ、あとはいいタイミングで出会うようにすれば完璧かと思われます」

「今のタイミングならば大丈夫のはずだがね、うまくいったのだよ」

ガガが腰に手を当てて言うと、そこで監視役の小龍神から急報が飛び込んで来た。

「ガガさま大変です！　アロハの男の行動が思いのほか早く、先にジムに行って入れ違いになる可能性が出てきました！」

「なに！　それはいかんがね」

ガガは黒龍に目をやる。メガネの奥で、彼の瞳がキラリと光った。

「ご安心ください、私に考えがあります。ガガさん、あの店の香りを使いましょう。アロハの男に、あの甘い香りを嗅がせられませんか？」

「まかせるがね！」黒龍の言葉にガガはすぐさま飛んだ。

龍神は人間へのサインとして甘い香りをふっと漂わせることもある。多くは花や木々などの自然の香りを使うのだが、この際そんなことは言っていられない。何事も臨機応変である。

ガガは、近くの店に漂ういい香りを空気に乗せた。ビュンビュンと風を吹かせてもよかったが、それでは効果が半減すると黒龍に言われたため、なるべく優しい風にした。その甘い香りは道路の向こうまで届き、人間の鼻孔を優しくなでた。うまそうな香りに誘われて、どんどん行列が長くなる。

「すみません。皆さん、何を目的に並んでるんですか？」

アロハの男も行列に加わった。

「ふう。これで時間が調整できたがね」

「なんとかなりそうですね」

黒龍も胸を撫でおろす。すると、

「！　タカや！　何をしてるがね！」ガガが叫び声を上げた！

黒龍が視線を向けると、タカが忘れ物をしたらしく、慌てて取りに戻る姿を捉えた。タイムロスだ。

「マズいですね」黒龍は呟くと素早く思考を巡らせる。頭が高速回転を始める。次の瞬間、

「ガガさん、あの子供を使いましょう！」と、少年を指差した。

校庭で遊んでいる野球帽を被ったいがぐり坊主。

「かのんさんを少し足止めするしかありません」

ガガは「まかせたまえ！」と、一陣の風を起こした。校庭で遊ぶ少年の帽子がふわりと風で宙に舞う。「あっ」と、帽子を追いかけると、かのんさんがいた。少年の大好きな先生だ。

よし！　と、黒龍はこぶしを握った。

「このタイミングなら、ピッタリ出会えるでしょう」

ガガはヒイヒイ言っていた。手拭いで汗を拭きながら、大きく息をついた。

「まったく我々も大変だがね。しかし、この裏側は決して知られてはならぬのだよ。なん

せ我々は龍神だからな。龍神は優雅に時を操る存在でなければならないのだ」

「もちろんです。イメージは大切ですから」黒龍も大きく頷いた。

「とはいえ、我々がつなげる縁とはこんなふうに見える形ばかりとは限らないがね」

ガガは意味深にニヤリと笑う。


そうです。見えずともつながっている縁もあるのです。その答えはもう少し後で……。

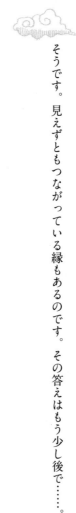

まとめ

龍神は1分1秒の時間を操り、人間を導く。

肉体を持たない龍神は、直接人間の手助けをすることはできませんが、「時を操る」という力を使って、人間の願う方向へと導いてくれます。

「タイミングがいいな」と感じた時は龍神様が近くにいる証拠です。

その流れに逆らわず進みましょう。

逆に、「なんかタイミングが合わないな」という時は、一度立ち止まって考え直すきっかけにしてください。

「嘘をついている人間が圧倒的に多い」龍神のこの言葉の意味とは？

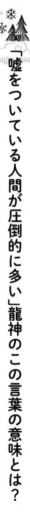

「しかしまさか四人があんなところで会うとは。これもガガたち龍神様のお導きかもしれないね」

僕はメニューを広げながら言った。

「本当にビックリしたわ。あ、アタシこれにしよ！」

今月のおすすめメニューを指差して、かのんさんが声を上げる。特製デミグラスソースのハンバーグだ（懐かしのナポリタンも付いている）。

僕たちはジムを後にすると、皆で食事をすることにした。近くのファミレスに入ったのは、つい今しがたのことである。

席に通されると僕とワカが並んで座り、向かいに友人たちが並んで腰かけた。

「あ、おみくじ機があるー」

かのんさんが窓際に手を伸ばそうとすると、それに気付いたアキラが「あいよ」と手に取って渡した。

「うわ、懐かしい」

その昔、多くの飲食店のテーブルに置かれていたルーレット式のおみくじ機である。100円玉を入れてレバーを引くとルーレットが回転して小さなロール状に巻かれたおみくじが出てくるアレだ。僕らの世代には懐かしい逸品で、ちょっとテンションが上がった。しかし最近見かけないと思っていたが、こんなところに生き残っていたとは。

「『あまちゃん』におみくじ機が登場して、また人気が出たらしいわよ」

と、かのんさん。

「へえ、さすが連続テレビ小説好きなかのんだね」

ワカが感心して言うと、彼女は人差し指を立ててチッチッチっと左右に振った。

「ワカさん、それは違うわよ」と言下に否定する。

「『あまちゃん』は私のふるさと岩手の海が舞台だったから、興味があって観ていたの。そしてあとは愛しの星野源の歌を聞きたくて『半分、青い。』も観ていたわ」と、マイクを持つ振りをする。

「要するに、ちゃんと自分の基準で決めてるわけ。連続テレビ小説ならなんでも観るわけじゃないのよ」

「ちょっと待て。主題歌だけなら別に毎日観る必要ないんじゃやね?」と口から出かけるが、寸前で思い留まった。きっと彼女には彼女なりのこだわりがあるに違いない。人のこだわりに口を出すのは、ハチの巣を突くのと等しい行いだと思い留まる。すると、

「ってか、主題歌だけなら毎日観る必要ねーだろ」

アキラよ、せっかく思い留まった僕の気持ちをどうしてくれる。僕が心で毒づいている
と、

「は？　放っておいてくれる？　あんたに関係なし！」

「だって主題歌は毎回同じだろ？　ライブ中継ならまだしも、録画でもして観りゃいいじゃねーか」

「それは毎朝ファンのために声を聞かせてくれた星野源への冒瀆よ！　なんでも効率化だとか言っているから、世の中が冷めた感じになっちゃうのよ」

「いやいや〜、ちょっとお二人落ち着いて〜」

と、ワカが間に入る。

すると、そこに割って入ってくる我の一声。

「ぶははっ。カラシ色もアロハもおもしろくていいがね。我はこういうわかりやすいヤツらが好きなのだよ」

「子供っぽい喧嘩をする人がですか?」

僕が口を滑らせると、

「子供って言うな」「子供って何よ」二人の声が揃う。

「前にも言ったが最近はわかりにくい人間が多いのだよ。特に嘘をついているヤツが圧倒的に多くて神様も実に困っているがね」

と、ガガは嘆くように言った。

「嘘つきが多い? それってどういうことですか?」

「俺も知りたいです、教えてくださいガガさん」

カラシ色とアロハ……、いや、かのんさんとアキラも口を揃える。

「よいがね。我が以前に『社交辞令が多いと嘘が多くなる』と言ったことを覚えているかね?」

「はい」アキラが頷く。

「それはその場で都合の良いことを言う行為だが、社交辞令同様に思っていることを言わないヤツも、嘘をついているのと同じに見られるがね」

「でもガガさん、相手が気分を害する場合、自分の胸の内にしまうことも大事だと思いますけど？」

僕はすぐさま反論する。なんか自分の行動を指摘された気がしたのである。

「もちろん、日常生活での他愛（たあい）のないことなら構わんさ。気持ちや思いをすべて言っていたのでは、人間の生活が根本的に成り立たんがね」

「あ、俺わかっちゃった。ガガさんが言いたいのは、『本当に言わなきゃならないこと』まで言わない人が多いってことですよね？」

アキラの言葉に、僕は、なるほどと納得した。

「アロハの男、やるではないか。その通りさ。それから、自分の判断で言わないと決めた場合があるだろう？　その場合は最後まで言わないことだ。都合が悪くなってから『実はあの時は言わなかったけど、本当はこう思っていた』というのはルール違反だがね」

「つまり、『言わない』ことで、それを追認していると思われちゃうわけね」

レモンスカッシュをストローで掻き回しながら、ワカが言う。

「さよう。例えば、タカが誰かに仕事を依頼したとしよう。そうだな、誰かに接客をまかせたとするがね。タカはそいつの仕事ぶりに不満があったが、言わないでおいた。しかし、あとで客からクレームが入った」

「よくありそうな話よね」と、かのんさん。

「その時、不満があったのに言わずにいたのはタカの責任だ。真摯にお客に謝るしか解決方法はない。そこで『彼にまかせていたので』とか『おまえがちゃんとしないからだ』と、客やまかせた相手に言うのは大きな間違いさ。神様だって『あれ？　あの仕事ぶりを認識してたんじゃないの？　じゃ、なんで言わなかったの？』と混乱するがね」

「相手を思ってとか、場を丸く収めるためならいいけど、それなら最後まで自分で責任を持つ。そして、周りに合わせすぎて自分の意見を言わないのも、度を過ぎると嘘つきになるというわけね」

話を整理するようにワカが言った。

「なにごともバランスが大事なのだよ」

ガガがそう言って笑った。

「うーん、言われてみればその通りだわ。これからはアタシも思ったことを言うようにする！」

そう言うと、かのんさんはアキラの顔を見る。

「そもそもあなたの服装ダサいから！　初めて会った時のあのアロハシャツ、あれ何？

学校のイベントなのにアロハで来るなんて気が知れないわ」

「なんだよ、山女のくせに」

「はぁー？」

いやいや、それじゃただのけなし合いですから。しかし……、

「この二人、けっこう楽しそうだね」僕はワカに言う。

「ふふ。本音を言い合えるって、けっこう嬉しいからね」

まとめ

「相手のため」「周りの人のため」
そうやって場を丸く収めようとする気持ちは
素晴らしいこと。
神様もそういう人が大好きです。
しかし、間違ってはいけないのは
「自分の気持ちを言うな」
と言っているわけではありません。
「言うべきことは言う」それが大事。
相手のことを思うからこそ時には、
耳の痛いことを伝える勇気も必要です。

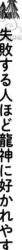

失敗する人ほど龍神に好かれやすいその理由

「でも、なかなか難しいわよね。社会で生きていく上ではうまく話を合わせたり、自分の気持ちを抑えることも必要だと思うし。やーん、おいひい～」

ナイフで切り分けたハンバーグを口に運びながら、かのんさんが至福の表情で言う。相変わらず、彼女は美味しそうに食べる。

「うん、そう思う。だいたい俺って不器用だから失敗ばかりだしな」

300グラムのステーキと大盛りのサラダをペロリと平らげたアキラは、頭を掻きながらかのんさんに同意した。

「いいではないか！　我々龍神は失敗するヤツほど好きなのだ」

「ええ、そう言いますよね。『失敗を愛せよ』って」

僕たちもたくさん失敗してきた。でも、それが今、身になっている。

「さよう。よいかね？　失敗ばかり、ということは『失敗してもまたチャレンジしている』ということなのだよ」

「ははは、そういう言い方もできますね。俺、諦めが悪いんで」

こめかみを掻きながらアキラが笑うと、ガガが嬉しそうに続ける。

「世の中の成功者と言われるヤツは多くの失敗を繰り返しているものだ。人間は失敗した時の方が得るものが多いのだよ」

「そう言えば僕が働いていたソニーの創設者、井深大（いぶかまさる）さんも始めから成功したわけじゃなかったと本で読んだことがあります。ソニーの前身である東京通信工業で最初に手掛けた電熱マットは布団や毛布を焦がしてしまいクレームが殺到したらしいし、勝負をかけた電気炊飯器も欠陥品で全然売れなかったらしいし」

「それでも挑戦し続けたことで、世界のソニーが生まれたってわけね」

ワカが感心している。

「それにおまえら、考えてみたまえ。もしそこで最初の商品が成功していたら」

ガガのその言葉に、僕たちはそれぞれ思考を巡らせた。もし電熱マットや炊飯器がうまくいっていたとしたら……、

「ただの炊飯器メーカーで終わってしまっていた可能性もあります」

僕はそう断言した。

その時点では失敗だったかもしれない。だけど、その失敗があったおかげで次の開発に

着手することになった。その結果、世界にソニーの名を知らしめるきっかけとなる高周波トランジスタの開発に成功したのだ。

本田技研工業の創設者である本田宗一郎さんだってそうだ。かつてトヨタ自動車のエンジニアになりたくて面接を受けたものの不合格。もしその時、合格していたらトヨタ自動車の一社員で終わっていたかもしれない。当然、世界のＨＯＮＤＡも誕生しなかっただろう。

「その時、失敗だと思ったとしても、もしかしたら神様が『おい。おまえのやるべきことはそれじゃないよ』って言ってくれているのかもしれませんね」

僕の言葉にガガが頷いた。

「人間は、成功した時よりも失敗した時にこそ多くのものを得るものさ。そんな時こそ、『次こそは成功してやる』という気持ちで動き続けることで、さらに大きな成功を手にすることができるのだよ」

失敗した分だけ人間は大きくなる。いや、失敗しても諦めずに動き続けた人が、大きくなるのだと思う。そして可能性は広がっていく。偉大な先人たちがそうだったように。

「じゃあ俺もまだまだ大丈夫だな。成功する可能性は大いにある！　まだ満足することは成し遂げてないし、これからだ！」

そう言って友人は胸を張った。

「アキラは、諦めが悪いもんな」

「おまえに言われたくねーよ」

「ほんと。ランニングマシーンでバタバタするの、あれみっともないからやめてよね」

淡々と言い放つ我が妻。うう、そんな。

「ところで、おみくじはどうだったの？」

かのんさんの手元を指差して、僕は聞いた。

「へへへ、大吉♪」

「お、すごい！ ちょっと見せて」

僕はおみくじを手に取り、読み上げる。

「へえ。これって今年の運勢なんだって。えーと、なになに？ 『古い縁が切れ、新たに運命の人と出会うでしょう』だって」

「やったじゃん、かのん。今年新しい出会いあった？」

ワカが聞く。今年はもう、残り少ない。

「特になかったと思うけど……」と言いつつ、ハッとしたようにアキラを見る。

「げ、冗談だろ」

「そ、それはこっちのセリフよ」かのんさんが慌てた。

僕もおみくじを引いてみよう。えい、あ、末吉……。


店を出ると冷たい空気が気持ちよかった。藍色の夜空を星が埋め尽くしている。

「なんか気持ちいい〜！　冬って空気が澄んでるよね、気のせいかしら？」

かのんさんが大きく体を伸ばして深呼吸した。

「いや、それが気のせいじゃないんだよ。実際、冬は空気中のチリや水蒸気が少なくなるから大気自体が綺麗なんだ。天体観測をするとその違いがハッキリわかる」

「タカはホント、なーんでも知ってるわね。そんなにいろいろ知ってるのに、どうして女心はわからないのかしら」

ワカがおちょくった。そしてすぐに、

「それにしても、季節によって変わる空気の差を感じるなんて。人間の感覚や本能って本当にすごいよね」

大昔は人間の感覚こそがすべてだったんだろう。そう考えると、機械に頼りがちな今の人間の感覚はとても鈍っているのかもしれない。

楽しかったからなのか、なんとなく別れがたくて、僕たちは少し歩いた。澄んだ空気の中、白い息を吐きながら。中学生みたいに、くだらない話をしながら。

広瀬川にかかる橋を渡る。ふと後ろを振り向くと、赤い提灯が線上に長い列をなしているのが見える。妻ワカの産土神社（うぶすなじんじゃ）である愛宕神社（あたごじんじゃ）だ。

「あの並んだ提灯を見ると、ああ今年も終わるな〜って実感するんだ」

初詣の参拝者のために年末年始は提灯に明かりが灯る。

「来年はどんな年になるんだろう」

「そりゃ、もちろん素敵な年よ」

うん、そうに違いない。僕たちにとっても、そしてみんなにとっても。

「あ、そうだ」

何かを思い出したように、アキラが立ち止まった。

大きなスポーツバッグから、似つかわしくないピンクの紙袋を取り出す。

「クリームパン、好き？」

なぜかかのんさんが、驚きと喜びが入り混じったような、満面の笑みを咲かせていた。

まとめ

人間は成功すると「やった。うまくいった」で終わりです。しかし、失敗した時は「なぜ失敗したのか」を考え、次はそれを避けるために様々な方法を試すでしょう。その結果、失敗した人ほど多くの経験をその魂に刻み込むことができます。

「失敗の数だけ、魂に経験を刻み込める」

そう思えば、失敗も怖いものではなくなります。

やれやれだがね
間に合いましたね

第5章 すべてはここから始まる

満足を得る究極の方法編

再び春

春の訪れは美しい世界の始まりでもある。まだ少しの冷たさはあれど、やわらかな陽の光は生きとし生けるもの、すべてを優しく照らしてくれる。

僕は広瀬川沿いを走る。やっぱり外は気持ちがいい。

右手に河原を眺めるとキャッチボールする親子や、遊具で遊ぶ子供たち、仲間でお花見を楽しむ人たちの笑顔があふれている。

カーブを切って広瀬橋を渡ると、大きな桜が今年も見事な花を咲かせていた。周りにはファインダーを覗くカメラマンやスマホをかざす人、写生をしている人の姿がある。春は人々の笑顔も満開だ。


桜の花はほんの一週間ほどしか咲かないのに、その短い時を日本人は毎年心待ちにして心を躍らせる。

流れ落ちる汗を拭いながら、僕は桜の脇の階段をテンポよく駆け下りる。再び堤防沿いのコースを走る。

もしも桜が年中通して咲いていたら、日本人はこれほどこの花を慈しむだろうか？

花は散るから美しい。陶器は割れるから価値がある。ならば命も人生も、限りがあるから美しいのかもしれない。

人間は昔から不老不死に憧れた。

中国では始皇帝が不老不死を求め、仙人を探したことが『史記』に記されているし、日本でも第十一代垂仁（すいにん）天皇が不死になれると言われる木の実を探すようタジマモリに命じたことが『日本書紀』に記されている。手塚治虫さんの『火の鳥』では、不老不死を得るために火の鳥の生き血を求める人間の姿が描かれた。でも、それを実現した人間はいない。

もし、それが実現してしまったら、陶器の器をプラスチックに代えてしまうようなものかもしれない。

限りがあるから、人間は一生懸命に生きる。その輝きは増していく。

そんなことを思いながら川沿いを駆け抜ける。

やわらかい日差しを浴びて、川面がキラキラと輝く。

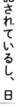

また春が来た。

やり方はシンプルだった。それに気付けば大丈夫

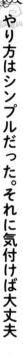

――りっちゃん

「いらっしゃいませー。何かお探しですか？」

私は元気に声を出す。街のブティックで、洋服を売っている。

「りっちゃん、お店に復帰しない？」

かつて勤めていた会社からオファーがあったのは、少し前のことだ。医者の妻が働きに出るなんて体裁が悪いと勝手に思っていたけれど、夫に相談すると意外なほどあっさり賛成してくれた。「好きなことをしている方が輝いていていい」、まさか夫からそんな言葉が聞けるなんて想像もしなかった。もちろん、家のこともこれまで通りしている。メリハリがついたからか、毎日が楽しくなっていた。

私はもともと働くのが好きだった。けど、結婚後は主婦になり、外科医の夫の世話に専念する時期が続いた。ところが、去年の春。ガガさんの話を聞いているうちに、やりたいことをもう一度したいと強く思うようになった。

「こちらもお似合いですが……お客様はお顔立ちがはっきりしているので、もう少し淡いカラーを合わせると、もっと素敵だと思いますよ」

売り上げはもちろん大事だ。しかし、あくまでも顧客に満足してもらう、喜んでもらうのが最優先だと思った。だから、その人が求めている服が自分の店にない場合は、躊躇なくそれを告げた。その上でコーディネートを一緒に考えた。

すると不思議なことに、逆に私の営業成績はみるみる伸びていった。わざわざ私から買ってくれるお客さんも現れたのだ。

皮肉なものだと、思う。

私は若い頃を思い出す。20代の頃、営業成績を上げるために必死に頑張った。目の前の顧客にいかに商品を買ってもらうかに頭を悩まし、時に強引に売りつけたこともあった。だけど思うように成績が伸びない日々が続いた。そんな時に趣味のサーキット場で今の夫と出会い、プロポーズされたことで逃げるように仕事も辞めた。

ガガさんや黒龍さんに言われたことを思い出す。

良かったこと、嬉しいこと。そういうことに目を向けて明るく生きる。それが災いや病気を吹き飛ばす一番の方法だと言っていた。そして周りの人が感じた「ありがとう」の気持ちはちゃんと返ってくる、自分を守ってくれるんだって。

そこで、どうして自分がこの仕事を選んだのかを考えてみた。小さい頃からお洒落をするのが好きだった。流行りのメイクを試したり、洋服のコーディネートを考えるのが楽しかった。そしてなにより、自分は人を喜ばせるのが好きだったことに気が付いたのだ。

ああ、なんだ。こんなに簡単なことだったんだ。

「何かお困りですか？」

年配の女性が店内で悩んでいた。

「ああ、いえね。娘に『年寄りくさい恰好はやめてよ』って言われて、お洒落な服でも探そうと思ったのだけど……やっぱり似合わないと思って」と、寂しそうに、うつむいた。

「そんなことはないですよ」と、私は笑顔で返す。

「最近は見た目だけでなく機能性を重視したデザインも増えていますので、きっとお似合いの服が見つかりますよ。よろしければお手伝いさせて頂きます」

高齢の方は筋力の衰えや体形を気にする人も多い。だから必然的に機能性ばかりを重視した、決まった形の服に偏ってしまうのだろう。

いくつになってもお洒落をすれば心が浮き立つ。外出する頻度も増えるし、なにより元気になる。足腰も鍛えられ、健康にもいいらしい。このあいだ、そんなニュースを耳にしたばかりだ。

「以前ならば、自分の売り上げのことばかりで相手のことまで考える余裕がなかったな」、と心の中で私は苦笑いした。

「ありがとう。また来るわね」

無事に見つかった洋服を袋に入れて渡すと、女性は笑顔で受け取った。紙袋を抱える姿はまるで少女のようだ。「ありがとう」の言葉が心地よく響いた。

「こちらこそ、ありがとうございました」

私は丁寧に頭を下げた。

そして、心から満足だった。

人の念は強いもの。だから「恨み」や「祟り」という言葉が生まれ、人々は恐れる。でも考えてみれば、陰の念も陽の念も両方あるのだ。だから「ありがとう」という陽の気持ちを持って生きることこそが、一番の幸せにつながる道なんだと思う。

ヴヴヴ……、スマホが震えるのを感じた。視線を巡らせ、顧客がいないことを確認すると同僚に声をかけて奥へ下がり、通話ボタンを押す。母からだった。

「なにぃ？　今、仕事中なんだけど～」身内との会話はついついなまりが出てしまう。

「ああ、リツ？　悪いど思ったんだけっども、急にばあちゃんが入院することになっだのよ。ちょっとお願いなんだけど」

電話の向こうで母が申し訳なさそうにする姿が想像できた。

どうやら祖母が検査のために入院することになったらしい。しかし親類からは、忙しさを理由に付き添いを断られ、結局母が頼られた。とはいえ、祖母の入院する病院は仙台にあるため、母がいない時だけ手伝ってほしいという。

以前の私ならば、なんだかんだ言いわけをつけて断ったところだ。

「わがった。母さんは慌てなくていいがら、気を付けて来でね。あ、久しぶりにあの店のおはぎが食べだいなあ～」

実家の近くにあるお菓子屋のおはぎをリクエストする。そうすることで、母も娘に対する「申し訳ない」という気持ちが、少しは薄らぐんじゃないかと思った。

電話を切り再び店内に戻ると、色白の女性が商品を見ていた。

「いらっしゃいませ、何かお探しですか？」

桜色のストールが似合いそうなお客様だと思った。

まとめ

今、自分があるのは親や祖父母のおかげ。
その気持ちがあれば出会う人にも感謝の心が
自然に芽生え、不安が消え、やりたいことに
躊躇しない勇気も湧いてきます。
家族や親しい人との仲も良くなって、
何より自分自身が人生を
楽しめるようになるのです。
「なんだ。自分の心の持ち方を
変えればよかっただけなんだ」
そう気付いた瞬間から人生は好転を始めます。

幸せのススメ

——かのん

「ふう」

私はアルミのコーヒーカップを片手に、ほっと息を吐きだした。眼下には中禅寺湖が広がり、周りを取り囲む山々が絶景を作り出している。空の青と山々の緑がその境界をあいまいにし、自分がいま空の上にいるような錯覚に陥る。日光山を拓いた僧侶、勝道上人が初登頂したときの様子を「ただ恍惚として眺めた」と表現しているけど、本当にその通りだ。

カップを口に運ぶ。コーヒーの熱さと苦みが、現実を思い出させてくれる。私はこの感覚がたまらなく好きだ。

登山仲間から栃木県日光市にある男体山への登山に誘われたのは先月。ちょうど学校での行事も終わり、久しぶりにどこかの山に登りに行こうかと思案していたから、その誘いに飛びついた。

早速、男体山のことを調べてみた。ガガさんがかつて「神社に行くときはその神様や由緒を調べるとよいがね」と言っていたのを思い出したからだ。

「アタシにとっては山そのものが神社みたいなものよ。だって山の神って言うじゃない？」そう私が言うと、

「あはは、かのんにとっては山が聖域なのね」

ワカさんが、カラカラ笑ったのを思い出す。

そして調べてみて驚いたことがある。どうやら男体山は古くから山岳信仰の対象として知られ、山全体が日光二荒山神社の境内となっているのだ。しかも山頂には奥宮が置かれているため、「登頂」ではなく「登拝」というらしい。

「本当に山が神社なわけね」思わず呟いていた。

しかも、ご祀神はオオクニヌシと、妻タゴリヒメ。そして二人の御子の三柱が祀られている。オオクニヌシは他にもたくさんの妻を娶った「縁結び」の神様だ。しかも「その家族が仲良く祀られているなんて、今の自分にピッタリだわ」と、密かに胸が躍った。

「かのんちゃん、すごい景色だね！　よかった、晴れてくれて！」

登山仲間のハルナが隣で感嘆の声を上げた。

「アタシも誘ってもらえてよかったわ、ありがとう」と、感謝の言葉を返す。

ハルナが横に腰を下ろした。

「かのんちゃん、彼とは残念だったね」

「ううん。結局、縁がなかったのよ。無理に結婚しても、きっとうまくいかなかった。それにね……」

「うん」

「アタシ、今やりたいことを本気でするって決めたの。仕事でも、遊びでも、どんなことでも一生懸命に取り組めば必ずそこから何かが生まれる。そう思ってるのよ」

「山登りもそのひとつだってわけか」

空を見上げてハルナが笑った。

「そう。自分の役目とか、自分がするべきこと、なんてたぶん明確にはわからない。ただ自分が好きなこと、やりたいことを真剣にやってさえいれば、神様がちゃんと正しい方向に導いてくれるのよ。それに気付いたの」

そう、気付いたの。ある龍神様に言われて。

果てなく続く澄み切った青空を見上げながら、嘘みたいに清々しい自分がいた。

「かのんちゃん、なんか変わったね」

「ん？　そう？」

「うん。キラキラ輝いてる。やりたいことをやっている人って輝いて見えるのかもね」

「イエーイ！」私は、カップを上げておどけた。

そういえば必死に婚活していた時は、自分を良く見せようと偽っていた気がする。楽しくなかったし、そもそも結婚自体が目的になってしまっていた。

「そう言えばさ。私、前に引き寄せの本をアメリカで読んだんだけどね」

彼女は海外に留学していた経験がある。

「日本では引き寄せっていうと『自分で引き寄せる』ってイメージで書かれていることが多い気がするの。『イメージする』とか『叶った気持ちになる』とか。だけど英語の原本では、ちょっと違った感じを受けたの」

「へえ、どういうこと？」

「英語で読んだ感じでは、『魅力的な人間になれば幸運の方が放っておかない』、『魅力的な人間には人間も幸運も神様さえも寄ってくる』って、そういう意味に取れたわ」

ガガさんも言っていた。人間に愛される者が神様にも見込まれる。それこそ魅力的な人間になるということ。

「なんだ、真理は一緒じゃない」

私がそう思っているとハルナは「実はさ」、と登山リュックに提げているお守りを掌にのせた。水晶に赤いより紐が結ってあるお守りが、「チリン」と鈴を鳴らした。

「私、去年入院したでしょ？　あ、大事には至らなかったんだけどね」

「うん」ハルナは去年の秋、手術が必要な病を患った。幸い発見が早くて事なきを得たのだけれど、たぶん大変だったと思う。

「その時、幼なじみがお見舞いに来てくれたのよ。このお守りを持って。東京の病院に入院したっていうのに、わざわざ。それが本当に嬉しくて、その子が帰ったあとで泣いちゃった」

思い出すように目を細めた。

「その時に思ったの。ああ、きっとこういう人が人間にも神様にも愛されるんだろうな、って。だから私もそんなふうに周りを安心させられる人に、魅力のある人になりたいって。それで頑張ったんだ」

「そっか」

私は笑って頷くと、

「じゃあ、アタシもその友達に感謝しなきゃ」

そう言って空を見上げる。

「え、かのんちゃんが？　なんで？」

「だって、その友達がいてくれたから、アタシはハルナと今こうして山に登れるわけじゃない？　人って一人じゃないんだよ。必ずどこかでつながってる。アタシとハルナも、そしてその幼なじみの……」

「りっちゃん」

「そう。その、りっちゃんもね。これもみんな縁なのよ」

そう。縁はどこかで不思議につながっている。

「よーし。じゃあアタシたちも、魅力的な女になってやりましょうよ」

私はハルナの背中をポンと叩いて立ち上がり、大きく伸びをした。見ると「二荒山大神」と書かれた銅像が建っていた。きっとオオクニヌシをイメージしているのだろう。181もの妻を娶るほど多くの神々に愛されたオオクニヌシ、それだけ魅力的な神様だったということだ。

「アタシもこんなふうになるわ」

そう念じて胸の前で手を合わせる。

「ねえ、かのんちゃん。記念写真撮ろうよ」

「いいねー。あ、スミマセーン。写真撮ってもらえますか？」

私は、近くにいた登山者に押し付けるようにカメラを渡した。

「せーの！」

「ピース！」

シャッター音が耳に心地よく響く。

青い空と明るい太陽が、春の到来を告げていた。

まとめ

神様が知りたいのは、
あなたの心の中にある本当の願い。
かのんさんの本当の願いは
「結婚」ではなく
「楽しく生きること」
だったように。
そのことに気付けば、
自分がするべきことも見えてきます。
そうすれば、神様はそれに相応しい舞台を
ちゃんと用意してくれます。

龍神も人間の心を知りたかった

――アキラ

「えぇっ!?　マジで？」

タカが箸を止めて、小さく叫んだ。

「マジ。この間、会社辞めた」

俺はそう言うと、両膝に手をのせて深々と頭を下げた。

「二人の……、いやガガさんと黒龍さんも含めて皆さんのおかげです。ありがとう」

俺はタカとワカさんを飲みに誘って、駅前の寿司屋に来ていた。

「やっと決断できたから、どうしてもそのお礼がしたくてさ。今夜は俺の驕(おご)りだから、腹いっぱい食べてほしいんだ」

戸惑う二人を前に、俺はお猪口(ちょこ)に残った日本酒をクイッと飲み干す。やっぱり驚かせてしまったみたいだ。タカが聞いてくる。

「で、これからどうすんの？」

「キャリアコンサルタントの仕事を真剣にやろうと思ってる。そのための資格も取った」

強い決意をそのまんま口にした。もう決めたことだ。

「俺、震災後に職を失ってからはずっと知り合いに紹介してもらった会社で働いてきたんだ」

ありがたかった。何もかも失くした俺は、その仕事に没頭することで悲しみを忘れることができた。

「だけど、ボランティアで学生の就職支援のアドバイザーをしているうちに気付いてさ。『俺がやりたいのはこれだな』って。自分の経験が若い人の役に立って、喜んでもらえるのって単純にスゲー嬉しかった」

タカは俺の話を真面目に聞きながらも、マグロの刺身にワサビをたっぷりのせて口に運んだ。2秒後、涙目になりながら目元を押さえる。ワサビのせ過ぎだっつーの。

「でも、困っている時に助けてもらった恩があるから会社を辞められないでいた。それに会社を辞めたら収入もなくなる。これで食っていける保証なんてどこにもないしさ。でも……」

「でも?」

「やるのは今しかないって心が騒いだんだ。俺の母ちゃんはずっと熱海に行きたい、って言ってた。そんでさ、いつもこう続けるんだ『いつか行こう』って」

そこで黙り込んだ俺の胸の内を察したように、ワカさんが言った。

「でも。『いつか』は来なかった」

その言葉に、ゆっくりと頷く。

「震災の時に死んだ人たちはさ、最後に何を思ったのかなって考えたんだ」

辛気臭くなるのが嫌で、俺は寿司を口の中に放り込んだ。咀嚼（そしゃく）する。飲み込む。喉ぼとけが大きく動き、食道を通過して胃袋へ収まっていく。生物の生態とはよくできているなと、不思議なことを俺は思う。

「生きたい。それだけだったと思う。たくさんやりたいことがあったと思うのに。でも今、俺たちは生きてる。だから、やりたいことはなんでもできる。挑戦できる権利を持ってる。それを母ちゃんが最後に教えてくれた。だから」

そう言うと俺は姿勢を正して、二人をまっすぐに見据えた。

「俺は『いつか』じゃなく『今』やろうと決めた」

自分で言っているのに、その言葉は大きな核心となって俺自身にぶつかってきた。

頭ではわかっていても、できないこと。やっているつもりで、できていないこと。

そんな葛藤をすべて吹き飛ばすような力が、自分にあることに驚いていた。

「アロハの男よ、めでたいがね！　それは素晴らしいことなのだよ」

「ガガさん！　俺、ガガさんのおかげで決断できました。ホント、感謝してます！」

そう言って改めて頭を下げる俺に、ガガは「まあ、我はそれほどでもあるがね」と照れた返しをしてきた。俺は笑う。この龍神様は本当におもしろい。

「ところでアキラ、今って、お金は大丈夫なの？」

タカは、握られたばかりの生うに軍艦を片手に、固まりながら聞く。

「この生うに、一貫500円だけど」

「それが大丈夫なんだ、心配すんな」

「じゃ、安心して」ぺろりと寿司を飲み込んで、友人はうまそうに顔をほころばせた。昔から単純なヤツだな、と思わず笑ってしまった。

「俺が会社を辞めたって言ったら『それじゃあ遠慮なく頼める』って講演やアドバイザーの依頼がいっぱい来て。おかげ様でけっこう忙しいんだぜ。バリバリやってるよ」

そう言って、ドンと胸を叩いた。

「アロハの男よ。これはすべて自分が蒔いてきたものなのだよ」

「自分が？」

「さよう。これまでおまえが周りにしてきた心遣い、優しさ。それが世の中の法則として返って来るのを待っていた。これまでは、おまえがそれを受け入れる扉を閉ざしていただけなのだ」

「それが決断したことで開いた、と？」

「おまえが本当にやりたいことへの後押しをしたい、と周りの人間も神様もずっと思っていたのだ。ところが当の本人に、キャリアコンサルタントの仕事で生きていく覚悟がなかった。今、おまえが決断し、行動したことでその扉がついに開放された。ただそれだけのことなのさ」

「お父さんとお母さんは最後にそれを伝えたくて、アキラさんの夢に現れたのかもね」

ワカさんが日本酒を舐めて、しみじみと言った。それを聞いてジンときた。視界が滲む。

「え、アキラ。ひょっとしてまた泣いてる？」

「ちげーよ、ワサビだよ。ここのワサビ効きすぎだっつーの！」

タカの茶化しに、俺は笑って反抗した。そして、なんだか温かった……。

まとめ

周りの人にしたことは、
すべて自分に返ってきます。
それが「世の中の法則」です。
周りの人を喜ばせたら、
あとは、それを受け入れる扉を
自分で開けるかどうか。
その扉を開くのに、躊躇してはいけません。
アキラが「いつか」ではなく
「今」を選んだように。
さあ、あなたの扉は開かれていますか？

「明るさ」「素直さ」「思いやり」のある人間がやっぱり最強でした

アキラと別れた僕たちは、仙台駅前のペデストリアンデッキを歩いていた。

駅の正面でふと足を止める。

「どしたの？　タカ」

「いやさ。ずーっと昔にここで胴上げされたなあ、って」

「ああ、あの時」とワカも思い出すように言った。

もうずっと前、僕たちがまだ20代だった頃。結婚披露宴のあとに、友人たちにここで胴上げされたのを思い出した。若かったな、と思う。今も変わらないつもりだけど、あれからもう15年の時が流れた。その間、僕はどれだけ魂を成長させられたのだろうか。

「ねえ、ワカ。僕たちの周りにいる人たちはみんなすごいと思わない？」

「思うよ。みんなすごい、尊敬に値する」

「僕たちはどれだけ成長できたのかなあ、ってたまに思うんだ」

僕の言葉に、ワカはニヤリと意味深に笑った。

「負けてないんじゃない？」

妻は誰よりも負けず嫌いだ。

「そりゃ病気もしたし、仕事も失くしたし、大変なこともいっぱいあったけど。私たちもずいぶん強く生きられるようになったじゃん」

「まあ、それは言えるかも」けっこう妻には苦労をかけた。

「今の幸せがわかる。それでもう、大きな成長じゃん」

「……そうだね。じゃ、僕はすごく成長できた。大成長だ」

僕たちは笑い合った。

りっちゃんも、かのんさんも、そしてアキラも。みんな「明るさ」「素直さ」そして「思いやり」がある。そしてそれを行動に移すことができる強さを持っている。彼らはそうやって、これからの自分の人生を強く切り拓いていく。

「タカもしぶとく切り拓いてよね」

「しぶといですよ、僕は。そして、しつこい！」

そう、僕もどんどん前に進んでやる。

龍神様に愛されるには？

神様と仲良くなるには？

守護霊様に守って頂くには？

簡単だ。

「明るさ」「素直さ」そして「思いやり」を持って生きること。ただそれだけ。

僕たちは今、人間社会の中で生きている。

だからこそ、現実社会から目を背けずに良い心がけを持って、力強く生きていく。

それが神様に愛され、龍神に助けられ、そして強い守護霊にも守られる。ただひとつの方法だと、僕は思う。

僕たちが思いを馳せていると、

「ボーノなのだよ！」

ガガが突然叫び出した。

「ど、どうしたんですか？」

「イタリア語で『コンバンワ』という意味らしいがね。昨日、イタリアの龍神と知り合った時に教えてもらったのだ」

「いやいや。ボーノは『美味しい』とか『素晴らしい』っていう形容詞のはずですよ」

「っていうか、イタリアに龍神っているの？」ワカが怪訝な顔で聞き返す。

「うむ。正確にはドラゴンなのだが、西洋でイジメられて逃げて来たようなのだ。桃に入って川を流れて来たらしいがね。どんぶらこ、どんぶらこ、とな」

いや、そりゃ絶対違うだろ。

相変わらず意味がわからないが、たしかに西洋ではドラゴンといえば、悪魔と同一視されたり、邪悪な生きものであるというイメージが付きまとう……。

「それはなんか……お気の毒といいますか……」

「しかし、話してみるとなかなかいいヤツだったのだ。我は一緒に遊んだのだよ」

「そ、そりゃよかったわね」ワカももうなんて言っていいかわからないみたいだ。

「で？　またこれから泳ぎにでも行くんですか？」

僕は冗談のつもりで広瀬川の方を指差した。

「そうなのだ！　我はやっぱりバタフライを極めてみたいのだよ。チャレンジあるのみだがね！」

バタフライって……。

僕はガガが短い腕を回しながら泳いでいる姿を想像してみた。やっぱり優雅には程遠い。

「ってか、ガガさん前に『龍神は体をくねらせて優雅に泳ぐ』って言ってませんでしたっけ？」

「タカや、おまえバカかね？　時代は池江璃花子ではないか！　さあ行くがね！　我は金メダルを取るのだよ‼」

川の方へガガの声が遠ざかっていった……。

「さ、帰ろうか」

「そーね」

一番明るく楽しいのは、もしかしたらガガではないだろうか。

僕たちはゆっくりと足を踏み出した。

ネオンの光が煌（きら）びやかに、僕たちを照らした。

まとめ

人が幸せになるのに必要なこと。
それは、「明るさ」「素直さ」「思いやり」を持って
生きる、たったそれだけ。
神様も龍神様も、そして守護霊様だって、
そんな明るく力強いエネルギーを力に変えて
僕たちを守ってくれるのです。
長い人生を振り返った時に
「やりたいことはやった」「幸せだった」
そう言えるように今日を生きていきましょう。
それだけで、人生は必ず好転しますから。必ずね。

エピローグ　花火

毎年8月5日は仙台七夕の花火が打ち上げられる。絶好の観覧場所である西公園周辺は、すでに人でごった返していた。

「すっごい人。こんなことなら家で大人しくしてればよかった〜」

ワカが顔をしかめて悲鳴を上げた。

「まあまあ、ガガのご要望なんだし」

僕は人ごみの中、妻をなだめる。

「花火を見に行くがね！」と、ガガが騒ぎ出したのはつい1時間ほど前のことだ。ぎりぎりに到着したせいで、人ごみに突っ込む形になってしまった。

「ガガ、この間みたいに花火に近づきすぎて火傷(やけど)したとか騒がないでよ」

「そうなのだよ！　我は熱かったのだ。尻尾の先っちょが焦げてしまったがね。アチチだったのだ！」

「ガガさんは特等席で花火を楽しみたかったようで、私たちを押し退けて相当近くで観ていたのです。危ないですよと皆で止めたのですが……。しかしご安心ください。今日は私がしっかりとガガさんを監視していますので」

黒龍さんが、申し訳なさそうに言った。

花火で火傷する龍神様って……。僕は思わず笑ってしまう。

広場には屋台もたくさん出ていて、なんとも賑やかだ。かき氷、綿菓子、焼き鳥にビール。どこからか漂ってくる蚊取り線香の香り。日本の夏は、本当にいい。

前方に目を向けると、大勢の観客たちが今や遅しと花火の打ち上げを待っている。こんなに蒸し暑い夜なのに、みんなすごく幸せそうだ。大人も子供も、日本人は祭りが好きなんだなと、つくづく思った。

「そういえば花火の起源って知ってる？」

「戦いの狼煙（のろし）でしょ」

ワカらしい戦闘的な答えに、僕は思わず噴き出した。

「まあ、中国で狼煙のために使われていた火薬が花火の祖先であることはたしかなんだけどね。日本では江戸時代に八代将軍徳川吉宗が慰霊と鎮魂のために隅田川で打ち上げたのが起源になっているんだ」

「慰霊と鎮魂か。だから夏に打ち上げることが多いのね」

ワカが納得して頷く。
すると、何かを見つけたように「あ」と声を上げた。
「かのん？」
ワカの視線を追う。
人ごみの中に見慣れた横顔を見つけた。
「本当だ、かのんさんだ」
おや、隣の男は……。
もしかして……。
僕たちは視線を合わせた。
アロハシャツの男が、かのんさんの手をしっかりと握っていた。
大勢の人の中、二人がつないだ手だけが不思議と光って見える。
僕たちは気付かれないよう、そっとその場を離れた。

花火が夜空に大輪の花を咲かせた。

「人ってなんで生まれて来るの？」

「よく人は生まれ変わるって言うけどね。人生は修行だって言う人がいる」

「じゃあ修行のために生まれて来たの？　辛いの嫌だな」

「なら幸せになるため、とか」

「ねえ、幸せって何？」

「うーん。お金持ちになることかな」

「ならお金持ちじゃない人はみんな幸せじゃないの？」

「そんなことないと思うけど」

「難しいね」

「難しい」

「そもそも人ってホントに生まれ変わるのかな」

「エジプトのミイラは魂が生まれ変わった時のために肉体を保存してるって。

本で読んだことがあるよ」

「本当に？」

「うん」

「どうして？」

「知らない。でも次に生まれ変わった時に困らないように、
生きていた時に使ってたものも一緒に埋めたんだって」

「あのピラミッドの中にあるの？」

「そう」

「エジプトのミイラが蘇ったって話、聞いたことある？」

「ないけど……」

「じゃあわかんないじゃん」

「うん、わからない」

「結局、何もわかってないのかもね。人間は」

「そうかもしれない」

「神様とか教えてくれたらいいんだけどね」

「それいいね」

「どこかにそんな神様いないかな？」

「もしそれがわかったら、人が幸せになる方法もわかるのかもしれないね……」

「だけどね、アタシは幸せだよ」

「俺も。だってこうして生きてるから」

「うん、生きてる。だからなんでもできる。幸せになる方法なんて、きっと神様だってわからないと思うの」

「そうかもしれないな。人の幸せは、他の誰にもわからない」

「そう。自分の心を満たせるのはその人だけ」

「じゃあ、やっぱり俺は幸せだ。好きな人、大事な人がいっぱいいる。その存在が俺の心を満たしてくれる」

「アタシもだよ。そして好きな人がいなくなっても、また大事な人が現れることもわかったから。前を向いて明るく生きていれば、幸せの種は必ず巡ってくるから」

「俺も、そう思う」

「ありがとうね」

「ありがとう」

あの日から10年

　ジリジリと照り付ける太陽の下、汗を拭いながら石段を登ると、ご先祖様のお墓へと辿り着いた。眼下には気仙沼駅が見える。駅と言っても、岩手県一関方面への大船渡線が走っているだけで、沿岸を走る区間と気仙沼線は東日本大震災の被害で廃止された。今は、代わりにバス高速輸送システム（ＢＲＴ）と呼ばれる高速バスが運行している。

「あちーな、しかし。こりゃうちの爺さんもあの世でバテてるんじゃないか？」

　そう言いながら、僕は柄杓でお墓に水をかけた。汚れている墓石に水をかけて綺麗にすることも供養の一つと言われているが、この場合は暑がりだった爺さんに涼んでもらおうという気持ちの方が強い。

「タカのお爺ちゃんってそんなに暑がりだったわけ？」

「そう。なんせ、入院していた病室に自費でエアコン付けちゃったくらいの暑がり」

「じゃあその後、そのエアコンどうなったの？」

「もちろん、病院で使ってほしいって寄付したって」

「マジで！　爺ちゃんやるぅ♪」

そう言ってワカは、墓石にグッと親指を立てた。

2021年の夏、僕たちはお墓参りのために気仙沼へ帰省していた。線香をあげると静かに手を合わせ、最近あったことなどを報告する。あんなこと、こんなこと。ご先祖様に話しかけるようにおしゃべりしていると、ふと隣から強い視線を感じて目線を向ける。そこには養子だった爺ちゃんの元の家のお墓が建てられている。つまり、血筋でいえばこちらが直系のご先祖様ということになる。

「あ、はいはい。こちらにもちゃんとご挨拶しますから」

そう言って僕はそそくさと場所を移動した。なんせ、僕の守護霊さんは、この家の家系のご先祖様らしい。

「なんか言うたかえ?」

そんな守護霊さんの声が聞こえるような気がしたが、僕は無視して手を合わせた。

「いや～、僕はご先祖様に感謝していますよ。いやホントに、ありがたい、ありがたい」

「タカ。ちゃんと心を込めて手を合わせなきゃ、守護霊さんに叱られるわよ」

「わ、わかってるって」僕は苦笑して、しっかりとお墓に向き合った。

黒龍さんも言っていたが、守護霊さんは先祖との関わりが深い人間であることが多いという。ならば、お墓参りなどの先祖供養は、守護霊との絆を深める意味でも大切なことだと、改めて思うのだ。

最後に花立ての花を、ワカが整え直す。

「じゃ、また来るね」

そう言って、僕らはお墓に手を振り、石段を下りた。途中、少し広い区画に真新しい墓石が並んでいるのが目に入った。

あれからもう10年か……。

墓標に刻まれた日付を見て、僕は思わず足を止める。そこには「平成23年3月11日」の文字。東日本大震災で亡くなった人のお墓だろう。付近を見渡すと、同じ日付の新しい墓石が多くあることに気付いた。そう、ここは津波に呑まれた町なのだった。

「ミーの生き方もあれから大きく変わったざんすよ」

突然の声に僕たちは振り向く。

「あら、ハーベストじゃない。久しぶりね」

ワカが言った。

彼女は死神、名はハーベスト。とはいえ本名じゃ支障があるとかで、死神H氏と呼んでくれと言われているが、ついつい名前が出てしまうのはご愛敬だ。ちなみに彼女とはガガが現れるよりも、もっとずっと前、見えない世界を理解し始めた頃からの付き合いだ。

ピンクのポンチョにニット帽をかぶり、キックボードを乗りこなす死神はそうはいないだろう。というか、僕たちの周りはヘンテコばかりなのは気のせいか？

「そういえば死神H氏は、災害担当って言ってましたよね？」

僕は過去に教えられたことを思い出しつつ、そう聞いた。

死神の仕事は、亡くなった人の魂をあの世へアテンドすることで、死に方によって担当が5つに分かれているという。「自然死」「事故死」「子ども」「動物」そして「災害」だ。その中でも「災害」は悲しい魂が多く、彼女もそんな魂と接しているうちに一時、鬱になったと言っていた。

「そうざんす。そして多くの人たちの人生の転機となったように、ミーたち死神にとっても転機になった出来事と言っていいざんす」

「あの災害は生きている人だけでなく、見えない世界の存在にも影響を与えたってことね」

ワカの言葉に彼女は頷き、被災地で見かけたある男の出来事を話し始めた……。

「すみません、この子を見ませんでしたか？　私の娘なんです。白いセーターを着ているんですが」

そう声をかけられた男は、困惑して言葉に詰まった。

「……いや、このあたりでは見かけませんでしたよ」

そう答えると、女性は肩を落として力なく歩いていった。

（これで何人目だろうか？）

男は思った。

炊き出しや沿岸部の瓦礫の撤去をしながら、行方不明者の捜索をして、もう一週間になる。あの悪夢から、7日の夜を数えた。男は自衛官だった。

田んぼが広がり、家々が点在していた仙台の沿岸部では、黒く濁った海水が押し寄せてきて、あっという間に全てを呑み込んだ。一帯は津波とともに運ばれてきた大量の土砂で覆われ、踏み出すたびにズブズブと足が埋まる状態で、ヘドロだらけになりながら必死に捜索を行っていた。普通の人では、思うような活動ができるとは思えないほどの惨状だった。

だからこそ感じる「違和感」があった。

「なぜ、あの人たちの服は汚れていないのか」と。

それになぜか、みんな自分にしか声をかけてこないことも疑問だった。彼らは、真っすぐに自分に向かってくる。そして、自分だけに話しかけるのだ。仲間に聞いても、あたりの人に聞いても、誰もそんな人たちのことは見ていないし、声をかけられた人もいなかった。

なぜだろう……。

いや、と彼は首を振る。考えるのは、よそう。

たぶん、もうこの世にはいない人たちなのだ。だけど、自分が死んだことに気が付いていない。そして今でも、いなくなった我が子を探し続けている。

ここは、そういう場所なのだ。

動けないのがもどかしかった。様々な制約に縛られて思うようにいかず、現場に必要なものが圧倒的に足りなかった。

目の前にある「死」のにおいに、心まで呑み込まれてしまわないためには、冷静さと努力が必要だった。生と死、死と生。人はその、どちらからも逃れることはできない。だから、たとえ大変な境遇にあっても、生きていかなければいけないのだ。それが人の定めだとしたら、俺は何を定めに生きていけばいいのか。この国で、この町で、俺にできることはなんだ。

俺はもう、こんなに悲しい魂は見たくない。

こんなに悲しい魂は生まれてほしくない。

災害大国、日本の防災意識を変えていければ。地震や津波はまた、日本のどこかを襲うだろう。その時、今よりもちゃんとした国になっていなければいけない。二度と悲しい人たちが出ないように、この町を、この国を変えるには……やはり、あの世界しかない。

小さな一歩からでも、踏み出してやる。失うものは、命以外……もう何もない。

国を変えよう。俺は、政治家になる。

あの日、心にそう誓った。


「あの時はね、そんな運命を変えた出来事があちこちで起きていたざんすよ」

H氏はそう言って、骨むき出しの指で涙を拭った。

「そんな話は僕たちも聞きました。あの頃の被災地では、そういう不思議な体験をした人も多いみたいでしたし」

それだけ混乱した魂が、たくさん生まれた災害だったのだ。

「じゃあ、その魂一人ひとりに声をかけて、アテンドしなきゃいけなかったの？」

切なげに問うワカにH氏は静かに頷くと、当時を思い出すように宙を見上げ、目を閉じる。

死んだことを受け入れられない人。

突然のことで意味がわかっていない人。

大切な家族を残していくわけにはいかない、と泣き叫ぶ人。

そんな魂に縋りつかれれば、どんな死神でも辛くないわけがない。

生きている人も、そして見えない存在すらもその生き方……いや、死神に生き方というのは適切かどうかわからないけど、そのすべてを一変させたということなのだ。

「辛いわね。同じ亡くなるのでも、病気とかなら自分でも死んだことを理解できるし、心の準備もある程度はできるかもしれないけど、突発的な災害で突然失われた命は……」

「そうだね。言い方はよくないかもしれないけど、説得も大変だと思う。それでも死んだことを受け入れて、あちらの世界へ旅立ってもらわないといけないんだから」

僕はワカの意を酌んで続けた。正直、そこまで考えたことがなかった。

「だけどね」

H氏は続ける。

「ミーたちの仕事を助けてくれたのは、生きている人間たちなんざんすよ」

「えっ、僕たち人間が？」

僕は驚いて聞き返す。

一体僕たちになにができたのだろうか。

「説明するよりも見た方が早いわね。一緒に行くざんす」

「えっ、どこに？　僕、これから海の市で、まぐろ丼を食べようと思ってたんですが……」

「いいから一緒に来るざんす！」


H氏に促され、僕たちが向かったのは、元・気仙沼向洋(こうよう)高校があった場所だった。2019年3月から、「東日本大震災遺構・伝承館」として、震災当時のままの状態で保存されている。「津波死ゼロのまちづくり」を目指して、目に見える形で震災の記憶と教訓を将来にまで受け継いでいこうという多くの市民の思いが詰まった施設である。

校舎だった建物に足を踏み入れた瞬間、僕は絶句した。そこには昔懐かしい学校の風景、そのものがあった。しかし、その内部は机や椅子、ロッカーに靴箱などが、形容しがたいほど姿を変えて折り重なり、混沌たる状態だった。黒板がかろうじて壁に残っていることから、ここは教室だったとわかる。廊下を進むと、流されてきた車が転がっている教室まであった。これだけでも津波の破壊力が伝わってくる気がした。

屋上まで上って、見渡すと眼下に四角く壁で仕切られた場所が目に入る。「なんだろう?」と考え、少しして、もしやと思った。

「あれ、体育館だ……」

僕がぽかんと口を開けて指差すと、ワカも信じられないという顔をして、無言で僕を見た。多くの生徒や卒業生の思い出の詰まっているであろう体育館は、コンクリートの壁を残して、すべてが流されていた。

聞けば津波は、4階建ての校舎の最上階まで到達したという。この屋上だけがかろうじて津波から逃れた場所だったのだ。巨大な体育館がすっぽり波に呑まれた光景を思い浮かべて、僕は初めて身を震わせた。

「屋上に避難していた生徒たちは、どれだけ怖かっただろう」

「バカ。そんなの私たちには想像もできないわよ」

ワカはそう言って唇を噛んだ。

決して、忘れてはならない出来事がここにあった。そして、それを今なお、こうやって

「目に見える形」として残し、伝え続けていくことが大事だと、強く思った。

「それこそが大切なんざんすよ」

僕たちの気持ちを酌んだように、H氏が口を開く。

「ミーたち死神が、亡くなった人たちに死んだことを理解してもらい、あちらへアテンドする時に、生きている人たちのこの思いが大きな力になったざんすよ」

「どういうこと?」

涙ぐんだ目元を拭い、ワカが聞く。

「災害で亡くなった人たちの多くは、突然の死をすぐには受け入れられないざんす。だけど、時を経るごとにだんだん納得していくの。すると今度は、残された家族や大切な人たちのことが気になりだすのよ」

「そりゃ……突然のことで、お別れもできなかったから」

当然だよ、と思う僕にH氏は静かに頷いた。

「子どものこと、夫や妻のこと。大切な人たちがこの先、ちゃんと生きていけるのか? 自分と同じような危険な目に遭わないか? 怖い思いをしないか? そんないろいろなことが心配でたまらないざんすよ」

その言葉に僕は「もしかして」と、口を出す。心に思うことがあったのだ。

「だから死んだ人は生きている大事な人たちに、夢とか閃き（ひらめ）とかで、なんらかのメッセージを送ってくれるんですかね？　こっちは大丈夫だから、おまえも頑張れって。そして……」

「そして……なんざんす？」

優しい死神は、僕をじっと見つめた。

「だからこっちも、前を向いて生きている姿を見せなくちゃいけない。それが、亡くなった人たちの魂を救うことになるんじゃないかと」

「私もタカの考えと同じじよ。そして同時に、こんなふうに自分たちが死んだ時の災害を忘れない。次に活かしていく活動も、死んだ人たちを安心させる役割になると思う」

僕たちは階段を下り、校舎を出た。裏の方へ回り込んだところでワカは足を止めて、一点を見つめて静かに言った。

「だって……実際に見なければ、これは絶対にわからないことだもの」

そこには強力な引き波で町から運ばれてきてひっかかった家屋と、校舎の間に何台もの車が積み上げられたままになっている、オブジェのような光景があった……。

「なんていうか、供養っていうのはお経をあげてもらうとか、花や線香を供えるということだけではないんですね」

帰り道。僕は車のハンドルを握りながら、H氏に話しかけた。

「そうざんす。死んだとはいっても人間は人間だもの。お経をあげるとか、お線香をあげるという形よりも、生きている人たちの気持ちが大事なの。その気持ちが行動となり、それを見て、ようやく安心してくれるざんすよ」

そんなものかもしれないな。僕たちには子どもはいないけど、もしも自分の子どもがいたら、元気で頑張っている姿を見るだけできっと安心できると思う。

「そういえばね、昔、ある親子がミーの心を救ってくれたざんすよ」

何かを思い出したのか、H氏が言った。

「え？　どんなの？」

ワカが即座に反応する。

あれは……と、H氏は何かを愛おしむような顔をした。

「震災で亡くなった両親が、前向きに生きようと頑張っている息子に、夢の中でメッセージを伝えた話ざんす」

「えっ？」

「父親は読書が好きだったのねぇ。好きな場所で椅子に座って、息子に微笑んでいたざんす。母親は茶の間に座ってね、優しいあったかい笑顔で、息子の夢に出ていったのよ」

「それって……」

思わず僕はワカと顔を見合わせた。僕たちの様子に気付かずにH氏は続ける。

「大切な息子に、しっかりと前を向いて生きてほしいと願ったのよ。だからきっと、あちらへ行く前に『自分たちは大丈夫だから安心していいんだよ。強く生きろよ、頑張れ』って、息子が両親に抱いている一番好きなシチュエーションで現れたざんすよ」

そう言って両手を握りしめると目を閉じて、

「愛はすごいわね。この親子の思いで、ミーたち死神もなんだか救われたのよ」

と、言った。

「それにしても、愛って一体どこで手に入るのかしら？　死神人生こんなに長くやってると、もう一生愛に出会えない気がするざんす。愛はいずこ？」

胸に手を当てて、盛大にため息を吐くH氏に、僕たちは笑ってしまった。

「なんかおかしいざんすか？」

「いやいやいや。ホントにいい話です」と両手を向けてとりなすように言った。

そして、

「そういうことだったんだね」

「そうね、なんかよかった」

と、ワカと視線を交わして笑い合った。


僕たちはそのまま仙台へ戻ると、自宅近くのファミレスに車を停めた。

車を降りる間もなく、外から声が飛んできた。

「おい、遅せーよ」

「いや、約束の時間より15分も早いじゃん！　君らが来るのが早いんだよ」

僕がそう毒づきながら目線を向けた先には、片手を上げてニカッと笑うアロハシャツの男と、小さな赤ちゃんを抱いてニッコリと微笑むポニーテールの女の姿があった。

ワカが赤ん坊にちょっかいを出す。赤ん坊は、キャッキャと笑う。

噂によると、このファミレスに置いてあるおみくじ機はよく当たるらしい。

あとがき

「命の話を書いてくれませんか？　物語で」

そんな話をもちかけられたのは、東京下町の鰻屋でした。

「命の話、ですか？　しかも物語で？」

「そうです。東日本大震災を経験された小野寺先生だからこそ、書ける話があると思うんです」

そう言って（当時の）担当編集者A氏は、僕の方へグッと身を乗り出してきた……。

そして、この本が生まれたのが、２０１９年の1月のこと。

あれから月日が流れ、担当も代わり、その東日本大震災からちょうど10年目の節目の年に、再びA氏からの依頼で文庫化する機会に恵まれるとは、夢にも思いませんでした。これもきっと神様、いや、龍神様が時を操って仕組んでくれたことかもしれません。

思い起こせば、あの震災を機に人生が大きく変わった人はたくさんいます。

それと同時に、被災地では不思議な体験をした人の声も数多く聞きました。

この本の中には、そんな命と向き合いながらも、魂という見えないものを感じることで強く生きていこうと前向きに進む人たちが登場します。そして、そのドラマを描いたつもりでした。

ですが文庫化に際して、新たに16頁の書き下ろしを依頼された時のことです。

改めて何を書こうかと悩んでいる時に、僕はふと思いました。

「たしかに生きている人たちの側からは描いたけど、亡くなった人たちはどう思ってるんだろう」と。

そこで今回は、亡くなった人たちの気持ちを描いてみるという視点を取り入れて書きました。

とはいえ、僕たちが実際に亡くなった人たちに話を聞くことはできませんから、死神の視点という形で、話を聞きながら進めてみたわけです。

そして、その中で気付いたことがありました。

大切な家族。大好きだったお爺ちゃん、お婆ちゃん。仲の良かった友人。会ったことはないけれど、自分が生まれるきっかけをつくってくれたたくさんのご先祖様方。その人たちが、今の僕たちを空の上から見ているとしたら。一体どのように思うんだろう、どんなふうに感じるんだろう。

それを考えると、恩のある人たちを悲しませる生き方はしたくない。みんなが胸を張って自分の子孫だと、家族だと、孫だと、友人だと、堂々と思ってもらえる。できれば誇りにしてもらえるような。そんな生き方をしたいと、強く思ったのです。

ここで登場した気仙沼市東日本大震災遺構・伝承館は、文中にもあったように元は気仙沼向洋高校（僕たちの世代では、気仙沼水産高校という名称の方がしっくりきますが）の校舎だった場所。それが震災遺構として残り、当時の状況を伝え続けることで防災意識が高まって、これから生まれるたくさんの人たちの命が守られるのならば、亡くなられた方々のひとつの供養になるのではないかと思います。

だけど、こういう話はどうも湿っぽくなりがち。

だからこそ、龍神ガガや黒龍さんの明るさは、本当にありがたいと思うんです。ユーモアと笑顔を忘れない。だけど、言うべき時にはしっかりと叱ってくれる温かい存在。それが龍神。

彼らから学んだ最高の教え。どんな時でも「明るさ」「素直さ」「思いやり」を持って生きていく。それを忘れずに僕たちも、力強くしぶとく生きていきたいと思います。

そして、今回も僕の文章に楽しいイラストで花を添えてくれた高田真弓さん。思わず手に取りたくなる素晴らしいデザインをしてくれたＴＹＰＥＦＡＣＥの渡邊民人さん、清水真理子さんはじめスタッフの皆さん。本当にありがとうございました。

そして最後に、本書出版にあたり今回もまたガガさんや黒龍さんはじめ、たくさんの神様、龍神様にもご尽力を頂いたと感じています。

ここに厚く御礼を申し上げます。

読んでくれたすべての皆さんが、幸せでありますように。

令和３年　秋風が吹き始めた仙台の仕事場にて

小野寺Ｓ一貴

著者プロフィール

小野寺S一貴(おのでら えす かずたか)

作家・古事記研究者。1974年8月29日、宮城県気仙沼市生まれ、仙台市在住。山形大学大学院理工学研究科修了。ソニーセミコンダクタにて14年間、技術者として勤務。東日本大震災で故郷の被害を目の当たりにして、政治家の不甲斐なさを痛感。2011年の宮城県議会議員選挙に無所属で立候補するが惨敗。その後「日本のためになにができるか?」を考え、政治と経済を学ぶ。その後、神社を巡り日本文化の素晴らしさを知る。著書は『妻に龍が付きまして…』『やっぱり龍と暮らします。』『妻は見えるひとでした』(以上、扶桑社)など多数。著者累計は30万部を超える。

■ブログ

「小野寺S一貴　龍神の胸の内」https://ameblo.jp/team-born/

■メルマガ

「小野寺S一貴　龍神の胸の内【プレミアム】」(毎週月曜に配信)
https://www.mag2.com/m/0001680885.html

カバーデザイン　渡邊民人(TYPEFACE)
本文デザイン・DTP　清水真理子・武田梢(TYPEFACE)
イラスト　高田真弓
校正・校閲　小出美由規

龍神と巡る

命と魂の長いお話

発行日 2021年11月10日　初版第1刷発行

著　者　　小野寺S一貴
発行者　　久保田榮一
発行所　　株式会社扶桑社
〒105-8070　東京都港区芝浦1-1-1 浜松町ビルディング
03-6368-8870(編集)　03-6368-8891(郵便室)
www.fusosha.co.jp

印刷・製本　中央精版印刷株式会社